交通运输类专业课程思政系列教学案例

JIAOTONG SHEBEI YU KONGZHI GONGCHENG ZHUANYE
KECHENG SIZHENG JIAOXUE ANLI

交通设备与控制工程专业

课程思政教学案例

主编 ◎ 高广军　章易程　谢素超　伍　钒

李盈利　汪　旭　张书增

中南大学出版社
www.csupress.com.cn
·长沙·

图书在版编目(CIP)数据

交通设备与控制工程专业课程思政教学案例／高广军
等主编. --长沙：中南大学出版社，2025.4.
　ISBN 978-7-5487-6235-5

　Ⅰ. G641

中国国家版本馆 CIP 数据核字第 20257X6B58 号

交通设备与控制工程专业课程思政教学案例

主编　高广军　章易程　谢素超　伍　钒

李盈利　汪　馗　张书增

□出 版 人	林绵优		
□责任编辑	刘颖维		
□责任印制	唐　曦		
□出版发行	中南大学出版社		
	社址：长沙市麓山南路	邮编：410083	
	发行科电话：0731-88876770	传真：0731-88710482	
□印　　装	广东虎彩云印刷有限公司		

□开　　本	787 mm×1092 mm 1/16	□印张 10.75	□字数 272 千字
□版　　次	2025 年 4 月第 1 版	□印次 2025 年 4 月第 1 次印刷	
□书　　号	ISBN 978-7-5487-6235-5		
□定　　价	68.00 元		

交通设备与控制工程专业课程思政教学案例

编委会

前言
FOREWORD

2016 年，习近平总书记在全国高校思想政治工作会议上指出，要用好课堂教学这个主渠道，思想政治理论课要坚持在改进中加强，提升思想政治教育亲和力和针对性，满足学生成长发展需求和期待，其他各门课都要守好一段渠、种好责任田，使各类课程与思想政治理论课同向同行，形成协同效应。2020 年，教育部印发《高等学校课程思政建设指导纲要》(以下简称《纲要》)，明确提出全面推进课程思政建设是落实立德树人根本任务的战略举措，课程思政建设是全面提高人才培养质量的重要任务。《纲要》中明确要求各高校要紧紧围绕国家和区域发展需求，结合学校发展定位和人才培养目标，构建全面覆盖、类型丰富、层次递进、相互支撑的课程思政体系；要切实把教育教学作为最基础最根本的工作，深入挖掘各类课程和教学方式中蕴含的思想政治教育资源，让学生通过学习，掌握事物发展规律，通晓天下道理，丰富学识，增长见识，塑造品格，努力成为德智体美劳全面发展的社会主义建设者和接班人。

中南大学交通运输工程学院在学校开展课程思政建设顶层设计的指导下，于 2020 年成立学院课程思政教学研究中心，全面启动课程思政建设工作。学院课程思政教学研究中心负责顶层规划和指导，组织各系结合专业特色抓落实，课程团队充分挖掘蕴藏在课程知识体系中的思政元素，将其落实到课程目标设计、教学大纲修订、教材编审选用、教案课件编写各方面，并贯穿于课堂授课、教学研讨、实验实训、作业论文各环节。为了巩固建设成效和加强示范引领，经过多次课堂实践和持续改进，学院组织 80 多名任课教师提炼课程思政内容，编写形成"交通运输类专业课程思政系列教学案例"丛书。该丛书共 5 册，覆盖学院交通运输、交通设备与控制工程、轨道交通信号与控制 3 个专业的课堂和实践教学各环节。

　　本书涉及交通设备与控制工程专业课程思政教学，深度挖掘了专业知识体系中所蕴含的思想价值和精神内涵，科学合理拓展了专业课程的广度、深度和温度，从专业、行业、政治、文化、历史等角度，增加了课程的知识性、人文性，提升了引领性、时代性和开放性。在课程的思政教学案例中注重把马克思主义立场、观点、方法的教育与科学精神的培养结合起来，提高学生正确认识问题、分析问题和解决问题的能力；注重强化学生工程伦理教育，培养学生精益求精的大国工匠精神，激发学生科技报国的家国情怀和使命担当，并且在课程思政案例的编写上体现了教学设计，是课堂教学育人的很好实践。

　　本书得以出版，感谢编写案例的每一位一线专业课教师，感谢编审老师的辛苦付出。因时间和水平有限，书中难免存在不足之处，恳请广大读者批评指正。

编者

2025 年 5 月

目 录
CONTENTS

1

计算机工程图学（一）

教学内容和思政融合设计

序号	教学内容	思政映射与融入点	编者
1	知识点：绪论	案例1：学习目标与学习方法——积跬步至千里	阳劲松
2	知识点：绪论	案例2：学科方向和专业态度——严谨细致，工匠精神	杨志刚
3	知识点：点、线、面组合解决问题	案例3：学习方法——自主学习，不急不躁，厚积薄发	杨志刚
4	知识点：绪论	案例4：我国图学的发展历程——激发学生爱国情怀	李盈利
5	知识点：基本几何体的投影	案例5：鲁班与木工构件图——增强文化自信	李盈利

案例1 学习目标与学习方法
——积跬步至千里

【课程名称】计算机工程图学（一）

【教学内容】绪论

【案例意义】"计算机工程图学"是大一新生最先接触的一门专业基础课程，在本专业内有着育人的先导性。在绪论部分的授课过程中，通过总结分析国家"工程图学"专业的历史传承、历史长河中的名人轶事、行业发展的时事热点，融入以中国古代劳动智慧为代表的优秀历史文化，引出"工业救国""工业兴国""工业强国"等家国情怀元素。在讲授课程内容时，适时引入与专业相关的国家发展、行业发展前沿知识，引导学生了解、关注"中国制造2025""交通强国战略""制造强国战略"《"十四五"铁路科技创新规划》，引导学生关注中国制造的战略地位，为制造业的振兴作出贡献，树立正确的学习目标，勇敢地肩负起时代赋予的光荣使命。

教学过程

1. 问题导入

问题1："计算机工程图学"是一门什么样的学科？

展示史前文化的图片和象形文字的图片，介绍图形是可以用来记录生产和生活场景的工具。展示毕加索的名画《格尔尼卡》、微信表情符号，介绍图形是人类表达思维和感情的工具。挖掘古籍中我国古代机械设计草图，融入以中国古代劳动智慧为代表的优秀历史文化自信元素，由此引出问题，在工程生产实际中，如何将复杂的空间物体用平面图形进行表达？在对该问题的探讨过程中，逐步引出工程图学的发展历程，相应的理论及其应用。

问题2："计算机工程图学"的性质、任务和学习方法是什么？

展示高速列车转向架的三维图形和实际产品，引导学生将三维图形与实际产品对应，由此帮助学生建立起"读图""识图""绘图"的概念。介绍在大三、大四其他专业课程中应用"计算机工程图学"课程知识解决相关问题的案例，说明本课程是所有工科学生的技术基础课，是交通运输工程专业的核心课程，也是工科教育的基础，旨在锻炼学生绘图、读图的综合素养，培养学生空间想象、分析和解决空间几何问题的本领。该课程不仅是学生学习专业课程、完成课程设计和毕业设计必要的基础课程，也是学生未来从事工程技术相关工作的必要知识储备，引领学生树立正确的学习目标。

2. 讲授正文

课程第一部分讲解"工程图学的发展历程"

介绍多幅史前文明壁画，说明图形的作用是记录当时的生产和生活场景，讲述文字是由图形演化而成的。对比毕加索名画《格尔尼卡》和微信表情符号，讲述图形是人类表达思维和感情的工具。介绍中山王墓铜板兆域图的历史故事，由古代的建筑规划引到"计算机工程图学"的主要理论和应用技术。通过让学生了解中国古代图学智慧及悠久文化，点明图样在人类社会的文明进步中和推动现代科学技术的发展中起了重要作用，中国古代图学智慧及悠久文化与制图的发展史密切相关，从而培养学生的爱国情怀，增强"四个自信"，引导学生传承弘扬中华优秀传统文化。

课程第二部分讲解"课程的性质、任务、学习方法"

通过介绍电焊工李万君等大国工匠的故事，由焊点、焊缝、焊接平面到转向架，一步一步引入本课程要讲解的图学问题，强调本课程的学习要点在于"从立体到平面来"和"从平面到立体去"这两个方面。通过对CR450、CR400动车组等国家代表工程的介绍，对其工程问题进行有效分析，让学生掌握解决实际工程问题的思想智慧，帮助学生树立创新意识，养成刻苦钻研、追求卓越、迎难而上的工作品质，积极启发学生掌握工匠精神的基本内涵，养成科学的职业道德价值观，提升职业素养。

介绍川藏铁路的选址和施工难点，引出问题——在工程中如何求解一个坡面的角度和进行坡面设计？通过学习工程案例可以增强职业认同感和责任感，这对于学生以后的发展至关重要，也能够激发学生迎难而上、努力学习、认真钻研的动力。体会工程图纸作为技术信息的载体和交流工具的作用，由此让学生充分认识该门课程的重要性，激发他们学习工程图学的兴趣和责任感。

3. 分析总结

根据以"思想政治教育"为引领、以"知识探究+能力培养+素质养成"为目标的课程框架，以大国工匠故事为激励源泉、以中国古代图学知识为切入点、以解决实际工程问题为出发点，提出课程的读图、绘图问题，阐释问题的解决方法，并让学生上台进行求解，这些方法和措施大大激发了学生的学习兴趣，让学生体会到了学习工程图学的实际作用。学生参与积极性高，课堂气氛活跃，互动交流效果好。这一模块尝试了"开放式"教学模式与方法，使得学生的学习能力、综合素质得到了提升；同时采用"启发探究式"教学方法，留给学生足够的探索时间和广阔的思维空间，让学生不仅学到了理论知识，还掌握了分析问题的方法，从而激励学生主动学习，产生学习的成就感。

案例2 学科方向和专业态度
——严谨细致，工匠精神

【课程名称】计算机工程图学(一)
【教学内容】绪论
【案例意义】引导学生对学科方向产生兴趣和培养热爱的专业态度。

教学过程

1. 问题导入

"计算机工程图学"作为一门理论与实践并重的课程，主要教授学生基本的看图、制图、绘图技能。课程内容较为枯燥单调，且注重规则，对学生的空间想象能力和实践操作能力而言是一个考验，要求学生在学习过程中必须投入极大的耐心，严谨细致地学习。因此，有必要让学生做好充分的心理准备，更为清晰地认识到本课程的价值。

2. 讲授正文

在讲解计算机工程图学的基本概念、原理和方法时，强调我国在计算机图形学领域的技术标准和国家规范。通过介绍我国计算机图形学的发展历程及其取得的成就，激发学生的爱国情怀和民族自豪感，进而强调这门课程的学习特别需要严谨细致的工匠精神。

狭义上的工匠精神特指在某些工程技术工艺领域的人们的一种专注、精益求精的精品精神；广义上的工匠精神则泛指人们在日常生活的方方面面所表现出来的一种创造、创新、开放和不断学习、不断提升与完善的生活态度。毫无疑问，未来的中国，工匠精神不仅仅体现在科学技术、工艺工程等领域，更将融入中国人的民族性格之中。

真正的工匠精神，摆脱了对外部条件的依赖，恰恰是在浮躁的尘世中保持自己独有的一份清醒和执着。具有工匠精神的人都是爱国者，都是用自己的行动诠释责任的人，都是用自己的脊梁扛起民族尊严的人。他们发奋努力，有着一个共同的志向，就是增强国家实力，为民族赢得尊严。

习近平总书记提出要弘扬工匠精神，这对中国铁路发展有着深远的意义。铁路人立足岗位，在自己的工作当中践行工匠精神，并把工匠精神体现在日常的铁路运输、安全管理、设备检修、现场作业等各个环节中，把提供安全、高效、优质的服务作为自己的首要任务，确保铁路运输安全、服务优质。他们的工匠精神，是精雕细琢、精益求精，是一种追求、一种执着，更是一种精神力量。他们在自身的岗位上学业务练技能，执行标准化作业程序，精检细修排除设备隐患，全心投入并热爱自己的工作，这对于他们来说是工匠精神的体现。这是一种热爱工作的精神，是一种精益求精的态度。这不只是一种付出，更是一种收获，因为拥有工匠精神，无论对社会还是对企业而言，都是尤为重要的。（图 1-1）

图 1-1　工人正在安装、调试 LNG 罐箱智能生产线

因此，工匠精神在专业学习中至关重要，它有助于学生提升专业素养、培养实践能力、塑造良好的职业道德以及激发创新潜能等。工匠精神在专业学习中的具体作用体现在以下 6 个方面：

（1）提升专业素养：工匠精神强调对专业知识的执着追求和持续学习。在专业学习中，具备工匠精神的学生会对所学领域知识充满热情，会努力提高自己的专业技能，不断丰富自己的知识体系，从而提升自己的专业素养。

（2）培养实践能力：工匠精神注重动手实践和操作能力，强调在实践中不断磨炼技艺。具备工匠精神的学生会主动参加实践活动，将所学知识运用到实践中，从而提高自己的实践能力和解决问题的能力。

（3）塑造良好职业道德：工匠精神强调职业道德的重要性，提倡诚实守信、敬业爱岗等美德。在专业学习中，具备工匠精神的学生会自觉遵循职业道德规范，树立正确的职业价值观，为未来的职业生涯打下坚实基础。

（4）激发创新潜能：工匠精神鼓励学生在学习过程中勇于创新、敢于突破。具备工匠精神的学生会在面对问题时主动寻求解决方案，勇于挑战传统观念，从而激发自己的创新潜能。

（5）增强综合素质：工匠精神有助于学生全面发展，提高综合素质。具备工匠精神的学生不仅在专业领域表现优异，还会在其他方面展现出较高的素养，如团队合作、沟通协调、责任心等方面。

（6）培养长期竞争力：工匠精神强调持之以恒地提升自身能力，具备这种精神的学生会在专业学习中不断努力，为未来的职业生涯打造坚实的基础。这有助于他们在激烈的社会竞争中脱颖而出，拥有更强的长期竞争力。

3. 分析总结

工匠精神在专业学习中的作用不可忽视。通过培养工匠精神，学生可以全面提升自己的专业素养、实践能力、职业道德和创新潜能等，为未来的发展和成功奠定坚实的基础。在我国当前社会背景下，大力弘扬工匠精神，培养一批具备高超技艺和专业素养的技能人才，对于推动国家经济社会发展具有重要意义。

案例3 学习方法
——自主学习，不急不躁，厚积薄发

【课程名称】计算机工程图学(一)

【教学内容】点、线、面组合解决问题

【案例意义】引导学生形成强烈的责任感和使命感，掌握科学的学习方法。

教学过程

1. 问题导入

本课程的内容较为晦涩难懂，学习难度较大，使得很多学生对此课程缺乏学习积极性，进而影响了学习的兴趣和信心。在新的时代背景下，为培养综合性的高素质人才，本课程教学活动的开展绝非仅仅着眼于让学生掌握具有针对性的制图技能，还需要全面提升学生的综合素质。这就要求将教学课程同思政教学有机结合，深入挖掘立德树人的内涵，探讨该课程中存在的思政元素，引导学生明确自身学习和成长的方向，进而激发他们形成强烈的责任感和使命感，提升学习的积极性，同时增强教学的针对性和有效性。

2. 讲授正文

讲授的具体内容包括以下4个部分：

(1)投影法、点的投影(点在三面投影体系中的投影、点的投影与直角坐标的关系、点的投影规律、两点的相对位置及重影点的可见性判别)。

(2)直线的投影(直线的投影特性、各种位置直线的投影、点与直线的相对位置、两直线相对位置关系)。

(3)平面的投影(平面的表示方法、平面的投影特性、各种位置平面的投影、平面上取点和直线的作图方法)。

(4)直线与平面、平面与平面的相对位置关系(平行、相交等相对位置的判断)。

重点分析点、直线、平面的位置关系和从属关系，引入个人与国家的从属关系，以及多方面、多角度地认识和分析问题的思想；引入事物的认知规律——由简单到复杂，讲授点、直线、平面、立体的投影特性与规律；严格要求学生按照投影规律绘制投影图，培养严谨、认真的学习和工作态度。在此期间，也许会有同学提出"自己上课非常认真，也能听明白，为什么一到自己上手做题就不会了?"等诸如此类的问题。有些同学甚至因此而学习信心不足，积极性降低。这是一个相对普遍的问题，因为本课程对空间想象能力有较高的要求，而这个能力是因人而异的。通过思维锻炼，这个能力是能够得到有效提升的。可以重点加强引导学生

自主学习，不急不躁，厚积薄发。

谈到厚积薄发，就不能不提到"竹子定律"了。竹子定律是指在做任何事情时，都需要积累和耐心，不能急于求成。竹子从有生命的那天起，用了4年时间，仅仅长了3 cm，但从第5年开始，每天以30 cm的速度快速生长，仅用了6周时间，就已经长到了13 m高。之前看似是停止了成长，其实是在暗暗扎根，其根系已经在土壤里延伸拓展了数百平方米（图1-2）。

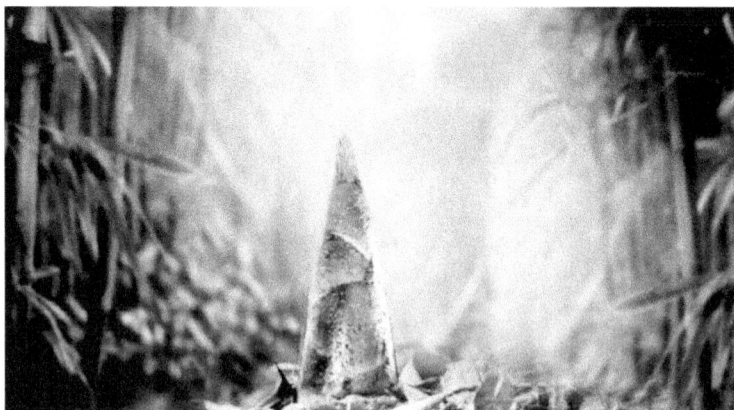

图1-2　竹子定律

竹子定律启示我们，无论做什么事情，都不能有急于求成的心态，要在积累和沉淀中等待时机，厚积薄发。当我们看到竹子迅猛的生长速度时，要明白它在之前的4年里是如何默默扎根的。同样，在专业学习中，我们也要学会厚积薄发，忍受煎熬，耐得住寂寞，坚持再坚持，直到成功的那一刻。

3.分析总结

成功需要积累和沉淀，不要担心付出没有回报。就像竹子一样，在它生长的过程中，有人埋怨它生长得太慢，但它实则已在地下默默拓展根系。我们能够看懂竹子定律，就能更好地理解厚积薄发的力量，并在自己的事业中脚踏实地，积累实力，最终实现人生目标。

案例4　我国图学的发展历程
——激发学生爱国情怀

【课程名称】计算机工程图学（一）

【教学内容】绪论

【案例意义】通过介绍我国图学的发展历程，激发学生的爱国情怀，增强他们对国家文化传承的信念与责任感。

教学过程

1. 问题导入

课程开篇，教师采用问题驱动的方式引发学生思考为什么要学习工程制图。

2. 讲授正文

在学生思考及讨论之际，教师适时引入近年来高铁发展的视频，学生在感叹我国的科研创新及关键领域的重大突破的同时，也从"巡天探地潜海"等工程的伟大目标中发现了"工程制图"这门通用的工程技术语言的价值及自我价值，从而明确了学习目标。

在绪论中，讲解图学的发展史，以宋代科技专著《营造法式》和明代科技专著《天工开物》为例，展现我国古代劳动人民的智慧和取得的成就，增强学生的文化自信和民族自豪感。结合交通学科的最新发展动态、现今中国制造业所取得的伟大成就，引导学生坚定中国特色社会主义道路自信、制度自信，引领学生树立远大理想，涵养爱国主义情怀。

《营造法式》为宋代建筑设计资料集与建筑规范丛书，于北宋崇宁二年（1103 年）刊行，由李诫编修，是我国第一部由统治阶级颁布印刷的关于古代建筑设计、建造制度的书籍。书中有句话："凡构屋之制，皆以材为祖。""材"是一个标准尺寸单位，相当于模数。中国在12 世纪就已经开始使用模数制度进行房屋建造。在《营造法式》中，详细记载了六种彩画制度的制作工艺，还包含了大量标准化的建筑制图。这些图纸涉及宫殿、庙宇、桥梁等多种建筑类型，详细标注了建筑构件的尺寸、比例和施工方法。在制图过程中，李诫强调使用标准化的符号和术语，以便工匠在实际操作中能够轻松理解和执行。例如，斗拱的设计图展示了各个部件的组合方式与比例关系，而柱子的高度和直径也根据建筑等级进行了严格规定。这种标准化不仅提高了建筑施工的效率，也为后世建筑技艺的发展提供了宝贵经验。《营造法式》体现了中国古代科学管理的思想，展现了工匠精神与集体智慧的结晶。学生通过学习这本书，可以认识到规范与标准的重要性，培养规则意识和合作精神，并从中学习精益求精的工作态度。

《天工开物》由明代著名科学家宋应星初刊于 1637 年（明崇祯十年丁丑），共三卷十八篇，全书收录了农业、手工业的诸如机械、砖瓦、陶瓷、硫黄、烛、纸、兵器、火药、纺织、染色、制盐、采煤、榨油等生产技术。《天工开物》是世界上第一部关于农业和手工业生产的综合性著作，是中国古代一部综合性的科学技术著作，也是中国科技史料中保留较为丰富的一部著作。它更多地着眼于手工业，反映了中国明代末年出现资本主义萌芽时期的生产力状况。

《梦溪笔谈》是北宋沈括的著作，主要阐述了当时中国的工艺技术、生产过程以及一些工程原理。书中详细记录了中国古代生产的各个环节，包括农业生产、矿产开采、纺织制造、造纸印刷等，尤其强调了工艺的技术细节与操作方法。沈括不仅是科学家、工程师、文学家，还是多才多艺的技术专家，他通过自己多年的实地考察和实验，总结出了大量工艺生产的原理和方法。《梦溪笔谈》结合大量的图纸和工程制图，向世人展示了古代工匠如何运用精湛的技艺和科学的思维完成生产任务。在《梦溪笔谈》中，沈括描述了包括水车、磨坊、冶炼炉、纺织机等多种机械装置及其工作原理，其中不乏一些工程制图和手绘草图。这些制图展示了当时工艺设计的细节，如木材的使用、金属的加工、各种生产工具的结构，以及它们如何相互配合工作。通过这些制图,我们可以清晰地看到古代工程师如何将科学原理与工艺技术相结合,创造出具有高度实用性和创新性的设备。《梦溪笔谈》中的工程制图十分注重细节,图纸精确到每一部分的尺寸、连接方式以及相互作用关系。例如,书中关于水车和水磨的图示,展示了水流如何通过水车转动驱动磨盘,水车的每个齿轮如何互相配合,保证水流的最大效率。对每个机械部件的尺寸比例、形状与位置都进行了详细标注,这为当时和后来的工匠提供了明确的制作依据。《梦溪笔谈》中的每一张工程制图都体现了古代工匠们对细节的关注和对技术精度的追求。从水车到冶炼炉,每一件工艺品都经过精心设计和制作,体现了工匠们的执着与耐心。沈括不仅记录了现有技术,还提出了许多创新的设计思路,这表明他不仅是工艺的继承者,更是技术革新的推动者。

都江堰建于战国时期,是一项伟大的水利工程,位于四川成都平原。李冰父子为了解决岷江洪水泛滥的问题,设计了这座以"分水"为核心理念的工程。鱼嘴分水堤、飞沙堰和宝瓶口是其中的三大主要构造,它们共同实现了分洪、排沙和灌溉功能。都江堰的设计图不仅考虑了复杂的地形,还计算了岷江的流量和水位变化。这些图纸是早期地形图与工程图的结合,借助精确的比例设定和详尽的标注,展示了三大构造的位置、形态及其相互关系。例如,鱼嘴的分水角度和宝瓶口的宽度被精准计算,以保证水流的合理分配。这些制图技术展示了中国古代工程师如何在实践中融合科学与艺术。都江堰体现了中国古代劳动人民对自然规律的深刻理解和对可持续发展的探索。通过学习这一工程的相关知识,学生可以认识到尊重自然、顺应自然的重要性,同时感受到古人追求造福后代的远见卓识,培养环保意识与社会责任感。

赵州桥,又称安济桥,是隋朝著名匠师李春设计建造的单孔敞肩石拱桥。这座桥长50多米,拱圈跨度达37 m,采用了独特的开放式肩孔设计,减轻了桥体的自重并提升了洪水通过能力。赵州桥的构造图包含桥拱的曲线设计、石块的排列方式及其受力分析。李春通过精确的计算,保证了桥体的稳定性和美观性。拱圈由契合精密的石块拼接而成,每一块石料的尺寸和形状在图纸中都被明确标注。这种制图方法充分展现了古代工程师对材料特性的掌握和对力学原理的理解。赵州桥象征着中国古代科技与艺术的完美结合,体现了古代工匠们的创新精神。通过学习这一案例,学生能够感受到中国文化的深厚底蕴和在技术领域的卓越辉煌,并从中汲取科技创新的动力,培养解决实际问题的能力。

故宫是明清两代的皇家宫殿,其规划和建造过程需要极高的技术水平和严密的组织。整个建筑群以中轴线为核心,左右对称,充分体现了中国古代哲学中"天人合一"和"中庸之道"的思想。故宫的建筑规划图包括平面图、立面图和剖面图,详细展示了宫殿布局、墙体高度和屋顶角度。中轴线上,太和殿、乾清宫等主要建筑位置被精准标注,而其他次要建筑以中轴线为参照对称分布。建筑的细节,如屋檐、柱础和斗拱,也绘制了标准化的结构图,方便工匠在施工中严格执行。故宫的规划体现了中华民族对秩序与和谐的追求,同时也是中国传统文化的重要象征。通过学习故宫的建筑设计,学生能够深入了解中国古代文化的博大精深,增强民族自豪感,并意识到传承与创新的重要性。

北宋苏颂设计的水运仪象台是中国古代机械工程与天文学的伟大结合。仪象台以水力驱动,通过齿轮系统实现了天象仪的自动运转,是世界上最早的天文钟之一。机械制图详细展示了水运仪象台的内部结构,包括齿轮的尺寸、传动路径及水力系统的设计。苏颂在设计时不仅考虑了机械的精度,还通过图纸明确了各部件的安装方式。这些制图为工匠们制作和维护仪象台提供了可靠依据,也体现了古代科学家对技术细节的极致追求。水运仪象台展现了中国古代科技领先世界的辉煌成就,同时也展示了科学探索精神的重要性。通过学习这一案例,学生能够受到古代科学家的求真务实精神的启发,培养自主创新的意识和勇于探索未知的品质。

在绪论中,介绍图样概念的起源,对图样绘制与美术绘画进行区别和联系分析。引入我国高铁车辆设计图纸,增强学生的专业自豪感和民族自豪感,潜移默化地进行爱国主义教育。围绕《交通强国建设纲要》《中国制造2025》,培养学生的责任感和使命感。同时引入工程事故案例,告诉学生一张"图纸"能造就一项工程,也能毁掉一项工程,以此让学生端正学习态度,明确学习目的。只有掌握正确的学习方法,形成良好的学习习惯,熟练学会如何在图纸上准确表达产品信息及精准阅读图样,才能肩负起时代赋予的光荣使命。

3. 分析总结

结合课程内容,以培养耐心细致的工作作风、塑造一丝不苟的工匠精神和强化遵守行业规范的意识为主线,从"图样是工程界的语言、是进行技术交流的工具"出发,融入责任与保密意识、安全生产意识、成本与质量意识等元素开展课程思政教育,潜移默化培育学生的爱国情怀、社会责任感、工匠精神,助力学生树立正确的世界观、人生观和价值观。

案例5　鲁班与木工构件图
——增强文化自信

【课程名称】计算机工程图学(一)

【教学内容】基本几何体的投影

【案例意义】鲁班作为中华民族的文化符号,其木工构件图不仅仅是技术的代表,更是文化的象征。学习鲁班的工艺设计,我们不仅能感受到中国古代工匠的智慧,还能领略到中华文化深厚的历史积淀,从而增强文化自信,理解中华文化的独特价值,并为中华民族伟大复兴贡献力量。

教学过程

1. 问题导入

大家知道"班门弄斧"是什么意思吗?

大家知道在钉子出现前,木质结构是如何连接的吗?

2. 讲授正文

鲁班(公元前507年—公元前444年),名公输般,春秋战国时期鲁国人,被誉为中国古代的"建筑鼻祖"。他不仅是著名的木工匠人,也是工艺技术的开创者之一,发明了许多工具,改进木工技艺。鲁班的贡献传承至今,尤其是他对木工技艺中"榫卯结构"的推广应用,使之成为古代建筑与工艺的重要组成部分。榫卯工艺是一种巧妙利用木材自身特性进行连接的技术,它省去了钉子与铁件,凭借木材的凹凸部位精准咬合,达到稳固的效果。榫卯工艺不仅体现了古代工匠们高超的工艺技术,还反映了古人对自然材料的深刻理解与巧妙应用。

鲁班的设计与木工构件图作为中国古代工程制图的雏形之一，在当时为工程技术提供了指导，并为后世建筑设计和工艺创新奠定了基础。尽管这些图纸多为手工绘制，未必完全符合现代工程制图的标准化要求，但它们在精确表达技术细节、传递工艺标准、提高施工效率等方面起到了不可忽视的作用。

鲁班所使用的木工构件图虽然不如今天的 CAD（computer aided design，计算机辅助设计）图纸那样精细，但其在结构设计、比例运算以及几何图形方面的应用，已显现出极高的技术智慧和先进的工艺理念。鲁班的木工图常采用几何形式表达，特别是通过对木材接合部分的描述来实现结构稳固。这些图纸中包括了木构件的尺寸、比例、接合位置及方式。例如，榫头与卯眼的尺寸和位置是需要精确计算的，还有木材与木材之间的接合方式，如"头榫""角榫"等，都需要细致的设计和工匠的精准操作。这些图纸为施工过程提供了详细的指导，保障了建筑的稳定性和耐久性。

鲁班不仅仅是一个工艺大师，更是工匠精神的代表。他的木工构件图展示了他对精度的追求、对细节的关注、对质量的执着。工匠精神强调对每一项工作都精益求精，不求浮华，只求实用与完美。通过学习鲁班的木工图纸和工艺，学生可以深刻理解这种精神在当今社会中的价值。无论是在工程设计行业还是其他行业，精益求精的态度都是推动社会进步、促进个人成长的动力。作为新时代中国青年，我们应当传承鲁班的工匠精神，在各自的领域里将其发扬光大，为社会的进步贡献力量。

3. 分析总结

鲁班的木工构件图不仅展示了古代工程技术的智慧，还承载着丰富的文化与思想内涵。通过对鲁班的学习，学生能够从中汲取精益求精的工匠精神、获得创新实践的动力、树立尊重自然的环保意识、增强文化自信。这些思想和理念，对于新时代青年来说，具有深远的教育意义和现实指导价值。在未来的学习与工作中，学生不仅能够传承鲁班的技艺和智慧，更能肩负起推动社会进步、促进文化复兴的责任与使命。

2

计算机工程图学(二)

教学内容和思政融合设计

序号	教学内容	思政映射与融入点	编者
1	知识点：机械制图的基本知识和技能	案例1：国家标准有关规定——培养严谨细致作风、遵规守纪意识	鲁寨军、熊小慧
2	知识点：制图的基本知识和基本技能	案例2：制图工具与手绘——严谨统一：画图犹如做人	李盈利
3	知识点：零件图的作用和内容	案例3：零件图的作用和内容——以青春"小我"书写强国"大我"	饶燕妮
4	知识点：零件图的内容和零件的构型设计	案例4：零件图——不以规矩，不能成方圆	钱博森
5	知识点：螺纹紧固件	案例5：螺纹紧固件——螺丝钉精神	饶燕妮
6	知识点：标准件和常用件	案例6：高铁中的标准件——严格遵守质量标准	李盈利
7	知识点：装配图概述	案例7：高速列车转向架装配图——人民至上，生命至上	李盈利

案例1 国家标准有关规定
——培养严谨细致作风、遵规守纪意识

【课程名称】计算机工程图学(二)

【教学内容】机械制图的基本知识和技能

【案例意义】以高速列车复杂图样为例，使学生认识到作为本专业的学生学好本课程的重要性；以设计师画错图被判刑等反面事例报道为案例，培养学生认真负责的工作态度和严谨细致的工匠精神，强化学生在工作和生活中严格执行各项标准、遵守各类型规范的意识。

教学过程

1. 问题导入

高速列车是一个复杂的机电系统，在设计、生产、检验、装配、使用、维护、维修等过程中，相关人员需要了解其全部或某一部分的设计要求，包括尺寸大小、加工精度、装配要求、功能等参数。然而，这些工作可能涉及成百上千人，这么多人如何进行交流呢？

2. 讲授正文

解决上述问题的重要方式就是采用图纸。工程图被喻为"工程界的技术语言"，是工程设计人员表达设计思想的载体，是工程技术人员进行技术交流的重要工具，也是工程管理人员进行管理、施工人员进行施工的依据。每一名工程技术人员都应具备绘制与阅读工程图样的能力。作为交通运输类专业的学生，绘制与阅读工程图样是我们必须具备的基本技能。如何绘制工程图样才能让别人也可以理解呢？除了画法几何已经介绍的投影法和基本构型的表达方式外，最主要的就是要按照国家相关标准进行绘制。对我们机械类专业来说，最重要的标准就是技术制图和机械制图的相关标准。

准备好不同幅面的动车组纸质图样，打开相应的电子图样，结合纸质图样逐节讲解图幅、图框格式、标题栏、比例、字体、图线、尺寸注法等标准要求。讲解完标准要求后，拿出事先备好的按标准绘制的和未按标准图线要求绘制的动车车轴的图样，让大家读图，得到不同的车轴，若将按错误图纸加工的车轴装配到动车组上，将可能导致车毁人亡的重大事故。

结合网上报道，例如"工程设计人员图纸画错，犯重大安全事故罪（3 死、2 重伤、4 轻伤）判处实例"和"事故追责：设计人员因画错 1 处管道图，获刑 3 年"，讲述严格按标准和规范进行设计、正确绘图和读图的极端重要性。2014 年 10 月 7 日，内蒙古东源科技有限公司正在建设的厂房发生爆炸事故，造成 3 人死亡、2 人重伤、4 人轻伤，厂房及厂房内的部分设备被损毁，直接经济损失约 743.6 万元。那么，造成这场事故的原因是什么呢？经事故调查组调查认定，事故的原因是设计人员进行设计时违反《石油化工企业设计防火标准》的相关规定，将本该通向雨水系统的六根溢流管线绘制为通向污水系统。设计人员对事故的发生负有直接责任，被判犯工程重大安全事故罪，判处有期徒刑 3 年，缓刑 3 年，并处罚金 100000 元。2020 年 11 月 1 日，天津市滨海新区天津南环临港铁路发生一起桥梁垮塌铁路交通较大事故，造成 8 人死亡、1 人重伤、5 人轻伤，直接经济损失共计 482.27 万元。直接原因是设计错误，设计人员标注采用"叁桥 1024"通用图，实际意图是采用"叁标桥 1024"通用图，设计者因粗心漏掉了"标"字，而且实际拟采用的"叁标桥 1024"通用图在最新标准中已修订为"专桥（88）1024"，设计者未及时掌握新标准要求。施工单位、监理单位、建设管理单位均未发现，或发现了该问题但未提出异议，导致最后出现较大事故。而震惊全国的三峡"9.3"重大事故（三峡工地上一台正在进行检修的巨型塔带机突然垮塌，两节重达 20 t 的机臂和部分皮带从约 20 m 的高空落下，造成 34 人伤亡）的重要原因就是塔带机吊耳的根部焊接与图样的要求不符。

以上述事例教导学生：①作为设计人员，既要掌握绘图理论和方法，还要实时了解相关标准和规范的变更情况，严格按标准和规范进行绘图，绝不能粗心大意出现绘图错误，否则轻则导致生产设备报废，重则导致人员伤亡和财产损失；②作为生产加工、施工或监管人员，亦应完全了解相关标准和规范,必须能够完全读懂图样,严格按照图样进行作业,还要有能够发现明显不合规图样的错误的能力。

通过上述讲解,既使学生认识到学好本课程的重要性,又培养学生认真负责的工作态度和严谨细致的工作作风,为后续的机械类专业课学习以及未来顺利胜任机械设计师的工作奠定基础。同时,强化学生在工作和生活中严格执行各项标准、遵守各类规范的意识。

3. 分析总结

通过展示动车总图、大部件图、小部件图、零件图等不同层级的图样及其之间的相互关联,从正面引导学生意识到"工程图样是工程界的技术语言",以及具备工程图样的正确绘图和读图能力的极端重要性;通过错误绘制图纸带来严重后果的相关事例,引导学生要有认真负责的工作态度和严谨细致的工匠精神,强化学生在工作和生活中严格执行各项标准、遵守各类规范的意识,从而将思政元素无缝融入教学中,实现知识传授与价值引领的有机统一。

案例2 制图工具与手绘
——严谨统一:画图犹如做人

【**课程名称**】计算机工程图学(二)
【**教学内容**】制图的基本知识和基本技能
【**案例意义**】通过图学史、工匠精神的介绍,提高学生的制图能力、审美能力和动手能力,增强其文化自信,使其树立远大理想、培育爱国主义情怀,助力学生形成实现中华民族伟大复兴的使命感和责任感。

教学过程

1. 问题导入

我们生活中的插座等产品,如果没有实现标准化,生活将是怎样的?

2. 讲授正文

制图的基本知识这部分内容主要讲授的是手工绘图的一些基本规范。绘制一张质量上乘的图样,需要严谨的工作态度和分析问题解决问题的耐心,以及有把复杂的问题简单化的能力。

(1)为什么要统一标准

制图国家标准、标准件是"工程制图"课程的重要内容,遵守和贯彻国家标准这一理念及要求所蕴含的思政元素是遵纪守法。在这部分教学中,可设计事例开展启发式教学,可举学生熟悉的且与个人生活相关的一些例子,如书本、杂志的标准化,螺纹直径标准化,电源插孔的标准化等,激发学生的学习兴趣,强化学生对标准化的理解,引导学生深入思考如果没有实现标准化,生活将是怎样的,如果在现实生活中不遵纪守法,社会又会变成什么样,从而实现思想启迪和价值引领。

学习制图相关国家标准,让学生明白国家标准是在科学技术和社会发展中应运而生的,而且会随着经济的不断发展和对外技术交流的不断扩大而多次修订，是为了在一定范围内获得最佳秩序和最佳社会效益而制定的，学生必须严格遵守各种标准与规定，培养良好的行为习惯，增强遵纪守法意识。

有关技术制图和机械制图的国家标准有：《技术制图 图纸幅面和格式》（GB/T 14689—2008）、《技术制图比例》（GB/T 14690—1993）、《技术制图字体》（GB/T 14691—1993）、《技术制图图线》（GB/T 17450—1998）、《机械制图尺寸注法》（GB/T 4458.4—2003）等。为什么要统一标准？如果没有统一的标准，单位与单位之间、设计师与设计师之间、设计师与加工工人之间沟通困难，无法正确理解图纸，就不能加工出能满足功能的零件。在讲解图线、字体的国标规范时，要求学生养成严格遵守各种标准与规定的习惯，进而引申到遵守各种规范。

强调国家制定的相关标准的科学性、规范性和严肃性，增强学生遵守法律的意识；强调作图的准确性、细节的重要性，列举工程案例，强化学生严谨、认真的学习和工作态度。

（2）绘图工具：不以规矩，不能成方圆

孟子曰："离娄之明，公输子之巧，不以规矩，不能成方圆；师旷之聪，不以六律，不能正五音；尧舜之道，不以仁政，不能平治天下。"（节选自《孟子·离娄上》）

"规"是专门用来画圆的圆规，而"矩"是一种标有刻度的折成直角的曲尺。"规"和"矩"发明于中国，是古人用来测量、画圆形和方形的两种工具。"没有规矩不能成方圆"是句俗语，常强调做任何事都要有一定的规矩、规则、做法，否则无法成功。

作为测量与制图的工具，规和矩在中国很早就得到了应用。汉朝著名史学家司马迁著的《史记》中有这样的记载：夏禹治水的时候，是"左准绳，右规矩"，说明在夏禹治水的年代（约公元前2000年）就有了规和矩这两种几何工具了。山东嘉祥县汉武梁祠的石室造像里就有"伏羲氏手执矩，女娲氏手执规"的石刻。汉代砖石上雕画的众多神话人物中，会见到手持矩的伏羲和手执规的女娲。

规和矩的应用，使得古人们能精准地绘制出造型统一的几何形图案。正如我们今天看到的那些形制规整的文物，工匠们巧妙地使用了规和矩，同时利用它们在器物上绘制出了点、线、圆形、弧形、方形、三角形等各种几何图案。

通过指导学生使用仪器工具绘制平面图形，训练学生的绘图技能。以这种训练方式培养学生认真负责、踏实敬业的工作态度和严谨求实、一丝不苟的工作作风，使其逐步领会敬业、精益求精、专注、创新等方面的工匠精神。

（3）徒手绘图：达·芬奇机械图纸

莱昂纳多·达·芬奇（Leonardo da Vinci）是文艺复兴时期最杰出的艺术家和科学家之一，他的机械图纸被誉为古代科技与艺术的完美结合。这些图纸展示了他对力学、物理和工程技术的深入研究，涵盖了飞行器、齿轮系统、水利机械和军事器械等诸多领域。达·芬奇不仅以艺术闻名，更因他的科学思维和创新精神而被后人铭记。

达·芬奇常用三视图来展示机械的形态和结构，同时通过透视图表达三维空间关系。这种绘图方法为现代工程图学奠定了基础。图纸中详细展示了齿轮、滑轮、杠杆等机械部件的运作原理，并精确标注了各部件的相对位置。达·芬奇的机械图纸采用了独特的制图风格，以细致的线条、透视法和解剖式图解展现了复杂机械的结构与功能。例如，他的飞行器设计融合了他对鸟类飞行姿态的观察，运用了杠杆原理与空气动力学思想。这些图纸尽管在当时无法完全变为实物，却为后世机械设计与工程制图提供了宝贵的启示。

达·芬奇的机械图纸不仅展现了他的技术成就，更体现了他对世界的好奇心、对自然规律的探索以及跨领域思维的整合能力。这些特点为现代计算机制图课程的思政设计提供了丰富的教育素材。

达·芬奇的机械图纸体现了他对自然的深入观察与对未知领域的勇敢探索。通过学习他的作品，学生能够认识到科技发展的核心在于探索与创新，从而激发自主学习和实践的热情。达·芬奇的成就来源于他在艺术、科学和工程等领域的跨界思考。本课程通过机械制图与历史文化的结合，引导学生拓宽视野，提升跨学科整合能力。达·芬奇的设计不仅是技术突破的象征，也是文艺复兴思想的体现。通过分析这些作品，学生可以认识到科技发展与社会需求的关系，并在技术学习中关注伦理问题，培养服务社会的责任感。通过对达·芬奇设计思想的解读，让学生体会到历史技术对现代科技的深远影响，产生对人类文明发展历程的敬畏，激发他们传承传统智慧与创新的动力。

3. 分析总结

计算机制图作为工程教育中的一门重要课程，要求学生熟练掌握制图标准和技术规范，例如图纸的比例、线型、尺寸标注和投影方法等。这些标准和规范是连接设计与制造的桥梁，直接关系到工程项目成功与否。结合"规矩"与"方圆"的哲学智慧，引导学生认识技术学习中规则意识、职业伦理与创新的重要性。

案例 3　零件图的作用和内容
——以青春"小我"书写强国"大我"

【课程名称】计算机工程图学(二)
【教学内容】零件图的作用和内容
【案例意义】以青春"小我"书写强国"大我"。

教学过程

1. 问题导入

①零件与组合体之间有什么关系？
②零件图的作用和内容是什么？

2. 讲授正文

引言

结合中国制造业的发展历史和中国政府的制造强国战略，激发学生的民族自豪感和爱国主义情怀，引导学生树立远大理想，鼓励他们勇敢肩负国家发展的时代责任，然后以"千里之行始于足下"为引子，通过两个问题导入零件图相关知识的学习。

问题一：零件和组合体的区别是什么？

零件是组成机器的最小单元体。任何一台机器(或部件)是由若干个零件按一定的装配关系及技术要求组装而成的。可用齿轮泵的装配动画帮助学生理解以上概念，同时在学生的

脑海中种下装配(后续章节)的"种子"。(图 2-1)

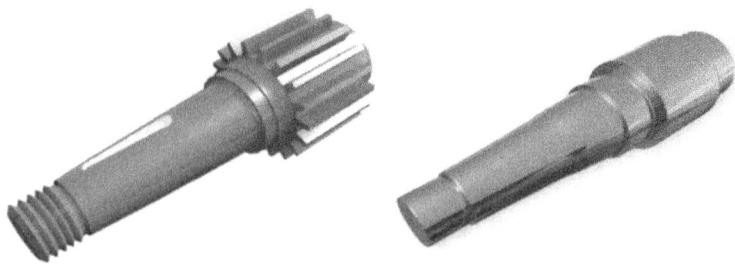

图 2-1　齿轮泵与其组合体

取齿轮泵中的一个关键零件齿轮轴,将其与对应的组合体作对比,得出以下内容。(表 2-1)

表 2-1　零件与组合体的关系及相关思政元素

教学内容		思政元素
零件的结构组成	说明	基础(雏形)
主体结构	组合体	
局部功能结构	为实现传动、连接等特定功能,在主体结构上制造出的局部结构。如螺纹、轮齿、键槽等	为了练就本领(零件功能)需要经受磨炼
局部工艺结构	为确保零件加工和装配质量而构造的较微小的结构。如圆角、倒角、退刀槽等	除了本领强,还需要人际关系融洽,即需要品德好,具有大局观、团队合作精神等

问题二:以某个零件为例,让学生讨论零件从零到有需要经历哪些阶段。

齿轮泵是发动机系统中的重要元件,通过齿轮轴带动齿轮泵内部外啮合齿轮副运转,实现发动机燃油供给。根据齿轮轴在齿轮泵中的作用对其进行主要结构设计,如阶梯轴、旋转轴、轮齿、键槽和螺纹等。因为齿轮轴是一个旋转轴,承受动载荷,且其在工作过程中表面接触应力一直发生变化,容易发生疲劳破坏。这些需要经过科学的力学计算和验证来确定其材料、主体结构、局部功能结构及尺寸等。为保证齿轮轴在加工、测量、制造以及装配和调整时的顺利、方便,应设计出圆角、倒角等局部工艺结构。产品不仅要满足功能需求和加工的要求,还需要兼顾经济、美观等。此外,齿轮轴是一种高精度零件,需要针对齿轮轴各部位设定精度指标,而后依据各指标设置精度标准值。

然后是加工制造。首先是毛坯选择与处理,如电渣重熔材料毛坯,让钢材的韧性、塑形等性能达到更高水平,同时等向性良好(避免毛坯疏松、缩孔现象)。然后是预热与半精车,如开坯→锯切→加热→锻造→锻造后热处理→机械加工→探伤检测。最后是齿部加工与精车,包括轮齿加工工艺流程(滚齿→渗碳→淬火→精磨→磨齿等)。在精车时,需要先以齿轮轴两端顶部尖孔为准进行齿部精车外圆处理,这一过程对精度要求很高,建议选择数控车削技术进行。数控车削技术能有效提高加工精度,提升加工质量,尤其是改善齿轮轴弧面特性。在零件加工过程中,还要注意工件表面化学处理(如不需要淬火处理的部位涂抹防渗材料)和热处理质量控制等。

加工完成后,需要进行质检。

由上可知,每一个零件从零到有都需要经过多道工序,多方合作。每一个环节都需要专业谨慎控制。单个零件的制备尚且如此,对于具有成千上万个零部件的轨道交通装备等,如何保证各零件的设计、制造及其装配、使用、维护得以有序进行?其中,零件图的作用举足轻重。"零件图是设计部门提交给生产部门的重要技术文件。它反映出设计者的意图,是制造和检验零件的依据。"由此可见,零件图是零件设计部门、制造部门和检验部门之间交流的工程语言。既然是语言,就需要遵循一定的标准或者规定,且力求准确、简洁。

那么,零件图中应该包含什么内容呢?以齿轮轴为例,引导学生回顾组合体和机件的图样画法相关知识,思考零件图的内容有哪些。

组合体图中需要有一组视图和尺寸标注。对于零件图,教师可以以某一零件图为例进行介绍。本书给出示例图 2-2。

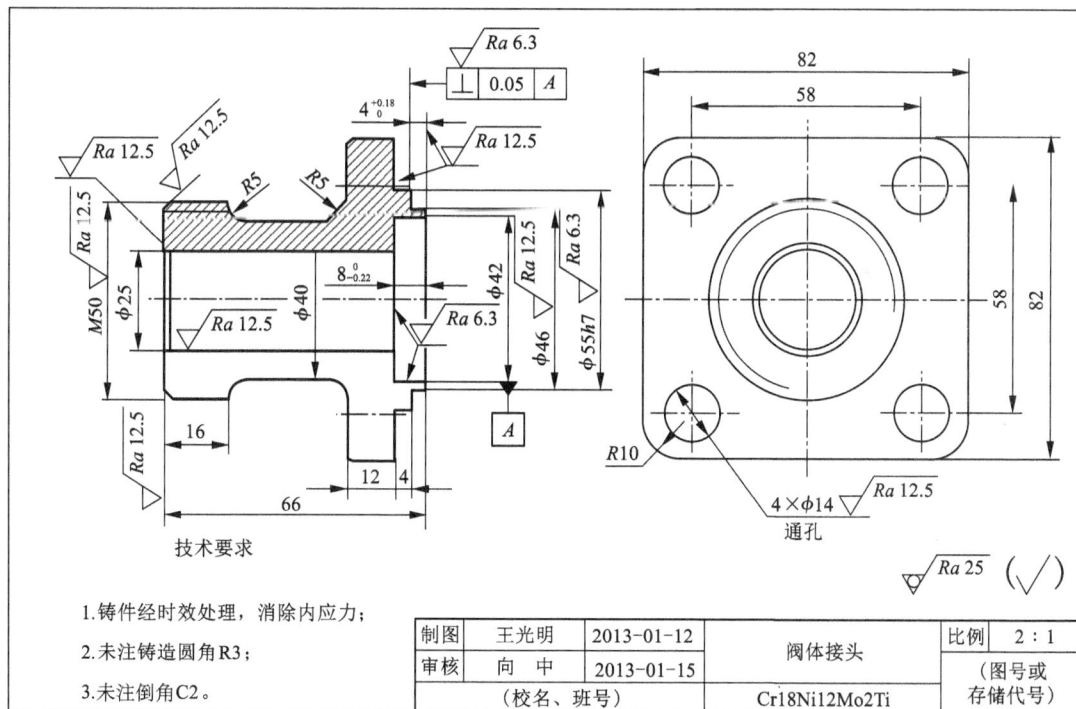

图 2-2 阀体接头零件图

由图可知,零件图的内容包括一组图形、全部尺寸、技术要求和标题栏。(表 2-2)

表 2-2   零件图的内容及相关思政元素

内容	要求	教学方法	思政元素
一组图形	用一组图形(包括视图、剖视图、断面图、局部放大图等),完整、清晰和简洁地表达零件的结构形状	对照某零件图介绍相关视图、剖面图等,同时带着学生回顾机件的常用表达方法,与组合体组作对比	全面看待问题,不以偏概全,不盲人摸象。 各视图相互配合,各司其职(各图的表达重点及价值),矛盾与统一(共同表达零件结构及相对位置关系)
全部尺寸	用一组尺寸正确、完整、清晰和合理地注明零件的结构形状及其相对位置	对照某零件图进行介绍;回顾"组合体"中尺寸的标注方法和要求为正确、完整和清晰;零件图尺寸标注要求为正确、完整、清晰且合理("合理"即需要考虑零件加工工艺、便于测量等方面)	尺寸标注需要满足标准,标准意识。 "差之毫厘,谬以千里。"责任意识。 理论需要联系实际,突出"合理"的重要性
技术要求	用规定的符号、数字、字母和汉字注解,简明、准确地给出零件在使用、制造和检验时应达到的一些技术要求(包括表面结构要求、尺寸公差、几何公差、表面处理和材料热处理要求等)	对照某零件图进行介绍;说明第 7 版教材与第 6 版教材中相关表达符号的区别	材料、结构、加工工艺相互联系的观点,合作意识; 技术要求:精益求精,工匠精神——制造强国战略; 教材的更新,标准的更新——前沿信息的关注和把握,与时俱进
标题栏	在标题栏内明确地填写出零件的名称、材料、图样的编号、比例、制图人与审核人的姓名和日期等。	对照某零件图进行介绍	诚信意识; 责任到人:责任意识,甚至是法律意识; 编号:系统意识

3. 分析总结

习近平总书记多次强调,"制造业是我国经济命脉所系","我国是个大国,必须发展实体经济,不断推进工业现代化、提高制造业水平","加快建设制造强国","推动制造业高端化、智能化、绿色化发展"。新时代新征程,在中国广袤的大地上,高铁新线不断延伸。习近平总书记一次次深情点赞,"高铁是我国装备制造的一张亮丽的名片","复兴号高速列车迈出从追赶到领跑的关键一步","高铁技术树起国际标杆"。中国高铁何以从无到有、从追赶到引领?这离不开如田红旗、丁荣军、卢春房、翟婉明等科学家们的卓越贡献,他们敢于迎接挑战、无畏向前,他们严谨认真、开拓求索,让科学技术一次次升级,设计出了世界一流的高铁。同时这也离不开如孙树旗、张雪松、刘云清、孙景南等大国工匠们的付出,他们敬业、精益求精、专注和创新,让高铁从设计图纸上走进了人们的生活。作为中国高铁事业的未来生力军,同学们应牢记习近平总书记的谆谆嘱托,树立崇高目标与远大理想,以青春"小我"书写强国"大我",继承和发扬前辈们的精神,从扎实学习零件图开始,绘图或看图时都深刻领会零件图图形、尺寸标注、技术要求和标题栏等相关制图要求,严格遵守标准,养成科学的制图思维(以联系的观点全面看待问题;矛盾与统一的观点等),不断增强责任意识、法律意识、团队合作意识,树立全局观。

在后面各节内容的讲述过程中,将理论与实践相结合,给学生布置相应的画图任务,指导并督促学生认真细致且按时完成任务,助力学生培养正确的作图态度和作图习惯,让学生进一步理解知识,同时深入感受其中的思政内涵。

案例4 零件图
——不以规矩,不能成方圆

【课程名称】计算机工程图学(二)
【教学内容】零件图的内容和零件的构型设计
【案例意义】让学生了解零件图的作用、零件图所包含的具体内容,以及每部分内容的具体意义。

教学过程

1.问题导入

在开启零件图章节的学习之初,让学生思考零件图的作用,并根据自己的想法梳理零件图里应具备的主要内容。待学生思考一分钟左右后,用PPT展示一张标准零件图,让学生对比标准零件图与自己所设计的零件图,并思考为什么标准零件图中需要有这些内容。

2.讲授正文

大家已经经历了大一暑假的金工实习课程。我们从简单的例子开始。如果需要做一个杯子,一个结构简单的大圆套小圆的杯子,我们都知道怎么样用车床去做,甚至不需要零件图,大致写几个关键尺寸之后就可以直接在车床上进行操作。但是,在交通运输工程领域,需要团队协作来完成大型的工程。例如高铁的制造,一列高铁有超过7000万个零件,是不可能通过一己之力或是几百、几千人的努力完成的。那么对于如此大规模工程的零件制造来说,如果零件图不统一,有什么坏处?有什么挑战?显而易见的挑战是零件图的可读性非常差,因为每个人都有自己的风格,检索起来非常麻烦,因为我们不知道这个零件的名称有没有或写在了图纸的哪个地方。此外,大量零件图会存在信息缺失问题,比如说有的零件图只有零件的名字,没有制图人的名字,那么,当需要对一些关键的零件进行改进提升的时候,找到负责人,了解零件的设计思路,发现现有设计的不足和避免在优化设计过程中走弯路会变成一件很难的事情。上述挑战都会导致工程实施的效率大幅下降。

《孟子·离娄上》有言:不以规矩,不能成方圆。因此,为了提升工程师之间的工作和交流效率,必须制定统一规则,这不仅包括零件图的组成内容、各模块的位置、字体、大小、符号、形式等,也包括今后课堂中我们会重点讲到的公差带参数等内容。以当下的课堂班级举例,班上不到30名同学,若每人制作一张零件图,但是每人都有自己的制图风格、标注形式,大家在进行技术交流时会由于方式方法不统一导致沟通效率大幅下降。此外,由于零件图的设计和生产主要是由不同的人员负责，在此过程中，零件图形式不统一会导致读图效率大幅下降，制造失误的可能性急剧增加。因此，对于高铁列车、航空航天器等重大工程来说，工程图形式和规则不统一造成的挑战是难以估量的。

我们班的大部分同学会在毕业后从事工程相关的工作，到时候大家会意识到，不论大家是本科毕业、硕士毕业还是博士毕业，不论是在中国中车、铁建重工、三一重工等工程企业就职，还是在高校和科研院所从事工程科学研究，都大概率会用到工程制图的相关知识。在此过程中，大家必须严格遵循我们在这个课程上学到的工程图相关要求，否则就无法高效、规范地进行规模化、集成化工业生产。同时，你们会对我国传统文化中"不以规矩，不能成方圆"的哲学思想有更加深刻的理解。

3. 分析总结

中国是有五千多年文化传承的国家，立规矩、讲规矩、守规矩是中国人从古至今治国理政的重要理念，也是宝贵经验。讲规矩不仅是做人的重要原则，也是马克思主义政党的鲜明特质。纪律严明是中国共产党的光荣传统和独特优势。2014年1月，习近平总书记在十八届中央纪委三次全会上指出："制定纪律就是要执行的。'不以规矩，不能成方圆'，'木受绳则直，金就砺则利'，讲的就是这个道理。"2015年1月，习近平总书记在十八届中央纪委五次全会上再次强调，"古人说：'欲知平直，则必准绳；欲知方圆，则必规矩。'没有规矩不成其为政党，更不成其为马克思主义政党。我认为，我们党的党内规矩是党的各级组织和全体党员必须遵守的行为规范和规则"。我们当前学习的"计算机工程图学"课程中有关零件图的知识点，就是马克思主义哲学理论在工程领域的一个具体实践。

案例 5 螺纹紧固件
——螺丝钉精神

【课程名称】计算机工程图学(二)
【教学内容】螺纹紧固件
【案例意义】"螺丝钉"精神的解读与践行。

教学过程

1. 问题导入

问题1：平时，如果你的自行车或手表上的螺钉松了，你会怎么处理？是直接丢弃，还是换零件？怎么才能购买到合适的零件呢？

问题2：螺纹紧固件都有哪些？螺纹紧固件上是不是一定有螺纹？

问题3：螺纹紧固件如何工作？又如何用图纸语言表达呢？

2. 讲授正文

引言

问题导入：平时，如果你的自行车或手表上的螺钉松了，你会怎么处理？是直接丢弃，还是换零件？怎么才能购买到合适的零件呢？

知识点引入：标准化。标准化让零件具有互换性。同时，标准化为零件的批量大规模生产提供可能性。这样可以大大缩短产品生产周期，提高产品精度和合格率，降低成本。接下来引出标准件的概念。"标准件是结构形式、尺寸大小、表面质量、表示方法均已标准化的零(部)件[3]。"标准件使用广泛，并由专业工厂生产。

螺纹紧固件就是一类标准件。

思政元素：引入螺丝钉精神。小螺丝可能导致大事故。例如：2002 年 9 月 8 日，飞机引擎上的螺栓断裂导致引擎失效，致使一架 Piper Saratoga Ⅱ飞机发生坠毁事故；2007 年 8 月"华航"波音 737-800 型客机在日本那霸机场发生爆炸事故，事故原因是波音公司对飞机主翼的螺帽设计失误。所以，作为未来的设计师或工程师，我们在学习时就要养成严谨细致、一丝不苟、精益求精的精神，明确身上肩负的责任。

螺丝钉精神的另一层含义就是认清自我价值，不妄自菲薄，也要懂得合作共赢。大到国与国之间的相处，小到人与人之间的相处，在整个社会运行体系下，我们都只是一枚小小的"螺丝钉"。我们不必自大，需要处理好和周边环境的关系(包括国与国、人与人，以及人与自然)，争取合作互惠共赢；我们也不必妄自菲薄，每一枚小小"螺丝钉"都有自己的价值。我们可以深耕自己所在领域，将个人发展和祖国需求，甚至世界需求相结合，也能发挥作用，如各行业的大国工匠们。

螺纹紧固件

通过生活中一些常用的螺纹紧固件的图片，引出螺纹紧固件的定义，"螺纹紧固件是运用一对内、外螺纹的连接作用来固定连接一些零件的标准件。"然后导入第二个问题：螺纹紧固件上是不是一定有螺纹？以此激发学生的学习主动性，并巩固概念。螺纹紧固件上不一定有螺纹，如垫圈。常用的螺纹紧固件有螺栓、螺柱、螺钉、螺母和垫圈等。(图 2-3)

接下来引入第三个问题，并分别介绍螺栓、螺柱和螺钉(包括连接螺钉和紧定螺钉)的用途、标记和画法等，重点讲解螺纹紧固件连接的画法。

图 2-3　常见螺纹紧固件

表2-3　螺纹紧固件与思政融入点

教学内容和方法		思政元素
用途	借助三维立体图,介绍不同螺纹紧固件的应用场景,及三大螺纹紧固件连接中常用的连接件。 引导学生观察和分析螺栓、螺柱和螺钉连接的异同。 推荐学生去观看介绍大国工匠们的影视视频和新闻报道等	螺丝钉精神: 1. 爱岗敬业胡双钱——为国产大飞机坚守40年,如果可以,他还想再干30年; 2. 团结合作意识和全局观,独木不成林。以青春"小我"书写强国"大我",同时实现"小我"人生价值。国之所需,我之所向。青年人往往特立独行,既勇于追求个人价值,也愿意为实现中国梦锲而不舍、驰而不息地顽强奋斗,同时具备开阔胸襟和宏阔视野。 3. 认真负责的工作态度和严谨细致的工作作风。"小螺丝导致大事故"
标记	对照标准,逐一细致介绍螺纹紧固件的完整标记和简化标记。 根据习题集上的相关作业,考查学生对知识点的掌握情况,并查漏补缺。 学习目标:能正确作标记、读标记	老师的言传身教(标准意识和细致认真)。 标准意识。"得标准者得天下。""高铁标准"成为国家标准,代表着我国国力的不断强大。青年当热爱祖国、志存高远
画法	螺纹紧固件 — 查表法 / 比例画法 螺纹紧固件连接 — 规定画法 / 画图步骤 / 螺纹紧固件的公称长度与其选用 / 注意点 / 简化画法	比例画法。为了提高效率,也是在合理范围内抓大放小。 主要矛盾和次要矛盾。 标准意识。 知识点之间的联系,活学活用。 职业素养:细致认真、全面分析,忌粗心大意。 知识的掌握:熟能生巧,量变到质变,忌眼高手低

3. 分析总结

螺纹紧固件的连接其实构成了一个小的装配体。本节内容以前述所讲的螺纹和机件表达方法相关知识为基础,同时又是后面装配图教学的基础。在宏观结构的脉络上,教师可以让学生对此有一个清晰的了解,让他们体会知识之间的内在联系。另外,本堂课的教学关注点不仅在于单个螺纹紧固件的标记和画法,还在于零件间的相互合作,以最终实现整体的功能(价值)。这里有"小我"和"大我"之间的辩证关系,是团结合作和大局观的重要体现。此外,螺纹连接件虽小,却在机器装备中发挥着至关重要的作用。小螺丝可能导致大事故,所以勿以善小而不为,勿以恶小而为之。而螺丝钉精神包含的爱岗敬业、责任意识、奉献精神以及一丝不苟的工作作风在大国工匠身上体现得淋漓尽致。

另外,在螺纹紧固件的标记和连接画法方面存在较多细节知识,需要学生充分理解、仔细分析,通过加强实践练习才能更好地掌握。同时,通过实践任务,有助于培养学生的标准意识和脚踏实地、严谨认真的工匠精神。

案例6　高铁中的标准件
——严格遵守质量标准

【课程名称】计算机工程图学(二)
【教学内容】标准件和常用件
【案例意义】在标准件的教学中,结合高速列车标准件的案例进行思政教育,为学生展示现代工程设计追求的精细化、标准化和规范化,帮助他们树立责任感和使命感,同时强化创新意识、团队合作精神以及对国家战略需求的认同。

教学过程

1. 问题导入

在现代工程技术的快速发展中,标准化在提升效率、保障安全、节约成本等方面起着至关重要的作用。尤其是在高速列车这种高精度、高安全要求的交通工具中,标准件的设计和应用不仅体现了现代工程技术的高度成熟,更是工程制图中不可忽视的一部分。高速列车的标准件,作为列车制造过程中不可或缺的基础构件,其设计与生产依赖于严格的工程制图标准,这些标准件以标准化图纸的形式精确传递技术要求,确保了列车的稳定运行、安全性以及可靠性。

2. 讲授正文

高速列车是现代交通运输的典范,因其高速、安全、舒适的特性得到了广泛应用。高速列车的各个部件,从车体、车轮到轨道系统,都需要高精度的设计和制造。而其中作为基本构件之一的螺栓,具有连接和固定作用,是确保列车安全行驶的关键部件之一。螺栓的质量直接影响到列车的运行安全性和舒适性。

在高速列车的设计和制造过程中,螺栓的标准化至关重要。螺栓不仅需要承受巨大的机械负荷,还要在极端环境下保持稳定性。例如,在高速行驶时,列车会受到风压、震动、温差等多种因素的影响,螺栓的材质和设计必须确保其具有足够的强度和抗腐蚀能力。因此,工程师们对螺栓的材料、尺寸、公差等方面进行标准化设计,并通过精确的工程制图将其呈现,以确保每个部件的质量和安全。

标准化是现代工程设计和制造的重要基础,它确保了产品的一致性、可靠性和互换性。螺栓作为一种标准件,其设计图纸的规范性和标准化要求反映了工程师们对工程质量、工艺流程和安全性的高度重视。在制图课程中,通过学习螺栓的标准化设计,学生不仅能够掌握工程制图的基本技能,还能理解标准化的重要性。

思政教育可以借此引导学生认识到标准化背后的社会责任。标准化不仅仅是为了方便生产与制造,更是为了保障产品的安全性与质量,确保人们的生命财产安全。高速列车的螺栓设计不仅是技术问题,更是社会责任的问题。每一个螺栓的设计与制造都关系到数以千计乘客的生命安全,工程师们通过标准化设计,将技术与伦理责任紧密联系起来,体现了高度的社会责任感。

高速列车是一种具有高安全要求的交通工具,螺栓作为高速列车关键部件之一,其质量直接关系到列车的整体安全性。通过工程制图标准件的学习,学生可以深刻认识到"质量就是生命"的重要性。工程师不仅是技术的执行者,更是社会安全与民众生命的守护者。

例如,在高速列车运行过程中,任何一个微小的螺栓松动或失效都可能引发严重的安全事故。因此,工程师在设计和制造过程中必须严格遵守质量标准,确保每一颗螺栓都达到最高的质量要求。这一过程体现了对人民生命的尊重与负责,凸显了工程师的社会价值和职业道德。

在课程中通过具体的案例分析,可以让学生更加直观地理解工程制图与实际生活的紧密关系,意识到自己作为未来工程师肩负的社会责任,进而树立起为社会贡献力量的职业理想。

螺栓设计和制造涉及多个专业领域的协作,包括材料学、力学、结构设计、工艺制造等。一个完整的螺栓设计方案需要跨学科团队的紧密合作。每个设计师和技术人员都在不同的环节中发挥着重要作用,最终共同完成一个高质量的标准件。

在工程制图的学习过程中,学生不仅要具备个人技术能力,还要学会如何与团队成员进行有效的合作。现代工程项目往往是由多个学科和领域的专家共同协作完成的,团队合作和协同创新成为解决复杂问题的关键。在此过程中,学生应当认识到工程不仅是个人能力的体现,更是集体智慧的结晶。学习工程制图标准件相关知识,学生能够从实际工作中体会团队合作精神,提升集体意识,培养协作与沟通的能力。

3. 分析总结

通过学习高速列车螺栓的工程制图标准件相关知识,学生不仅能掌握标准件制图的基本技能,更能够深刻理解标准化设计、质量控制和社会责任的内涵。在未来的职业生涯中,工程师将肩负起更多的社会责任,承担更为重要的技术创新任务。通过案例教学,培养学生以人民为中心的职业精神、精益求精的工匠精神以及勇于创新、团队协作的精神,鼓励其为推动社会进步、促进国家发展贡献智慧与力量。

案例 7　高速列车转向架装配图
——人民至上,生命至上

【课程名称】计算机工程图学(二)

【教学内容】装配图概述

【案例意义】通过这一案例教学,使学生不仅能够掌握装配图的基本知识,还能深刻理解中国在高铁技术领域取得的巨大成就,感受到科学技术对社会发展和人民生活的深远影响。

教学过程

1. 问题导入

①大家玩过乐高玩具吗?

②大家知道高速列车是怎么组装的吗?

2. 讲授正文

高速列车作为现代化交通工具的代表,凭借其高速、高效、安全的特性,已成为许多国家铁路运输的核心组成部分。而在高速列车的核心技术中,转向架(或称车轮转向架)作为列车的支撑系统,起着至关重要的作用。它不仅承载着列车的重量,还需要确保列车在高速行驶时保持稳定,抵御来自轨道的各种外力,并实现平稳转向。

高速列车转向架的设计和装配工艺要求极高,涉及的技术包括机械结构设计、力学分析、材料选择和热处理工艺等。转向架装配图则是整个设计与生产过程中的关键文件之一,它不仅是工程技术人员理解设计意图和开展实施工作的图纸依据,也是确保整个装配流程得以精准执行的工具。

高速列车转向架的装配图包括了多个组件的详细尺寸、连接方式和装配顺序,每一个小小的偏差都可能影响列车的安全与性能。因此,转向架装配图不仅是工程制图课程中的重要学习内容,也与我国高铁技术的发展和国际竞争力密切相关。

转向架装配图通常包括多个视图,如主视图、侧视图、剖视图、局部放大图等,清晰地展示了转向架的各个部件及其相互之间的连接关系。图纸上标注了每个部件的尺寸、材料、连接方式等信息,同时还附有详细的技术要求和制造公差。

高速列车技术是中国高新技术的重要标志之一,尤其是中国自主研发的复兴号高速列车,其核心技术几乎完全自主可控。通过学习高速列车转向架装配图,学生能够认识到这一技术的复杂性和高精度要求,也能够理解我国在科技创新上的不断突破。无论是高速列车的设计、制造还是各类工程制图的使用,都展示了中国在工程技术领域的自主创新和世界领先地位。

转向架的设计和装配要求极高的精度,任何微小的误差都可能导致严重后果。对工程师而言,精益求精、严谨细致的工作态度至关重要。这与中国传统的工匠精神相契合,强调通过不断创新与磨砺,追求卓越。通过学习转向架装配图,学生能够深刻体会到工程制图背后的工匠精神,这不仅仅是技能的展示,更是一种责任感和使命感的体现。工匠精神能够培养学生的责任心与专注力,激发他们为社会作贡献与高质量工作的热情。

高速列车的安全性直接关系到乘客的生命安全,而转向架作为承载列车重量并确保稳定行驶的关键部件,其设计和装配必须达到极高的标准。通过学习转向架装配图,学生能够意识到工程师在设计和制造过程中肩负的重要责任,特别是在关系到公众安全的领域。学生应树立强烈的安全意识和社会责任感,将"人民至上,生命至上"的理念落实到日常工作中。

3. 分析总结

通过学习高速列车转向架装配图的思政案例,学生不仅能够掌握必要的制图技能,还能够深刻理解工程技术背后的国家战略与社会责任。这一案例帮助学生在专业学习中感受国家发展的脉搏,激发他们在未来职业生涯中追求技术卓越的动力与为社会发展作贡献的责任感。

3

交通运输工程学

教学内容和思政融合设计

序号	教学内容	思政映射与融入点	编者
1	知识点：中国铁路的发展历史、中国铁路的特点、中国铁路的发展趋势	案例1：中国铁路发展历史——中国铁路精神	李盈利
2	知识点：我国铁路的建设与发展	案例2：中国铁路的发展——培养爱国主义精神	艾岳巍
3	知识点：铁路运输基本设备	案例3：铁路线路——以桥代路的工程实践与资源节约、环境友好型社会建设	姚松
4	知识点：高速与重载铁路	案例4：高速列车——高速列车金名片背后的大国工匠精神	姚松

案例1 中国铁路发展历史
——中国铁路精神

【课程名称】交通运输工程学

【教学内容】

(1)中国铁路的发展历史

(2)中国铁路的特点

(3)中国铁路的发展趋势

【案例意义】让学生了解中国铁路的发展历史与特点，了解中国铁路精神及中国铁路如何从跟跑、并跑到领跑，培养学生的专业认同感，树立科技报国信念。

教学过程

1. 问题导入

从同学们平时坐列车的感受为切入点,介绍中国铁路发展历史。

2. 讲授正文

截至 2022 年 12 月,中国铁路营业里程达 15.5 万 km,其中高铁 4.2 万 km,居世界第一。2020 年 8 月 13 日,《新时代交通强国铁路先行规划纲要》发布,纲要明确到 2035 年,全国铁路网达到 20 万 km 左右,其中高铁 7 万 km 左右。2022 年 1 月 10 日零时起,全国铁路实行新的列车运行图,增开旅客列车 96 对,增开货物列车 65 对。新图旅客列车车票于 2021 年 12 月 27 日起陆续发售。

一百多年前,铁路被清朝统治者视为破坏风水的"奇技淫巧"。如今,这条"国民经济命脉"有了史无前例的跨越式发展。从 0.5 km 的"展示铁路"到"八纵八横"的铁路交通网构建初步完毕,从"龙号"机车到时速 350 km 的高速列车,再到拥有自主知识产权的中国标准动车组"复兴号",中国铁路发展史见证了一个国家的百年巨变。

(1) 中国铁路的开端

吴淞铁路是清光绪二年(1876 年)以英国怡和洋行为首的英国资本集团擅自修建的铁路,翌年清政府将其买回并拆除。吴淞铁路是一条从上海闸北向北通到吴淞口的窄轨轻便铁路,长 14.5 km,在中国乃至世界颇有名气,因为它是出现在中国的第一条营运铁路。光绪二十三年(1897 年),清政府以官款按吴淞铁路原线路走向再建淞沪铁路,于光绪二十四年(1898 年)建成通车。

唐胥铁路是中国自建的第一条标准轨货运铁路。光绪五年(1879 年),清政府允准开平矿务局出资修建一条自唐山至胥各庄的运煤铁路,并聘矿务局英籍工程师金达(C. W. Kinder)监修。因守旧势力反对,未果。次年矿务局复请修建获准。1881 年 5 月开工兴建,11 月完工,为单线轻便铁路。开始时用驴马拖拉跑车,第二年开始使用机车曳引。光绪十一年(1885 年)开始线路从胥各庄向芦台庄附近的阎庄延展,次年完成修建,长 30 余千米,称唐芦铁路。又次年延至天津,增长 80 余千米,称津沽铁路。

中国第一辆火车是当时唐胥铁路总工程师的夫人仿照英国著名的蒸汽机车"火箭号"造成的,并把它命名为"中国火箭号"。因为中国工人在机车两侧各刻有一条龙,于是把它叫作"龙号"机车。

京张铁路是中国人自行设计和建造的第一条干线铁路。它由中国杰出的工程师詹天佑负责设计和修建,1905 年 10 月 2 日动工,1909 年 10 月 2 日通车。京张铁路中隔高山峻岭,石工最多,又有 7000 余尺桥梁,路险工艰为他处所未有。中国自办京张铁路的消息传出之后,外国人讽刺说建造这条铁路的中国工程师恐怕还未出世。

1909 年 8 月 11 日,京张铁路建成,10 月 2 日通车,共修建 4 年整。它是中国首条无外国人员参与建造,由中国人自行建设完成,投入营运的干线铁路。

1912 年,中华民国宣告成立。中华民国临时大总统孙中山提出了宏伟全面的铁路建设计划,设计了连通全国的 3 条主要干线,总长 20 万 km。在此后的《实业计划》"第四计划"中,孙中山又进一步将其周密化,设计了 5 条贯通全国的铁路大干线,细分为中央铁路系统、东南铁路系统、扩张西北铁路系统等。

（2）中国铁路的发展

1937年，我国自行设计、建造的第一座双层铁路、公路两用桥钱塘江大桥落成。该桥由当代桥梁专家茅以升博士设计建造。然而，竣工不到2个月，杭州城被日军攻陷。为了切断交通枢纽，茅以升不得不亲手炸毁这座耗时3年完工的大桥。

因为民国时期频繁的战乱和外部势力干涉，中国铁路在这一时期一直发展缓慢。

20世纪50年代初，我国政府决定填补西部地区的铁路空白，开始建设成都到重庆的成渝铁路，于1950年6月开工建设，1952年6月通车，因此，成渝铁路是中华人民共和国成立后修建的第一条铁路。

宝成铁路北起陕西省宝鸡，南行达四川省成都，与成渝、成昆两线衔接，全长669 km，是沟通西北与西南的第一条铁路干线，也是突破"蜀道难"的第一条铁路。宝成铁路于1952年7月1日在成都动工，1958年建成通车，1975年7月完成铁路电气化工程改造，成为全国第一条电气化铁路。

大秦铁路建于1985—1997年，是我国西煤东运的主要铁路之一，也是我国新建的第一条双线电气化重载运煤专线。大秦铁路自我省大同市至河北省秦皇岛市，纵贯山西、河北、北京、天津，全长653 mm，平均不到15分钟就有一列运煤车呼啸而过，将上万吨煤炭运至数百千米之外的秦皇岛港装船南运。

青藏铁路是青海省西宁市至西藏自治区拉萨市的铁路，全长1956 km，是世界上海拔最高、线路最长的高原铁路。青藏铁路分两期建成，一期工程东起西宁市，西至格尔木市，1958年开工建设，1984年5月建成通车；二期工程东起格尔木市，西至拉萨市，2001年6月29日开工，2006年7月1日全线通车。我国在施工中攻克了青藏高原多年冻土的世界难题。

（3）中国铁路的延续

中国铁路依靠科技创新，建设施工技术不断改进和提高，先进通信信号技术装备大量应用，信息化水平不断提高，电气化新技术运用取得重要成果，铁路工程质量大幅提高。2003年以来，中国铁路以快速扩充运输能力、快速提升技术装备水平为主线，全面加快铁路现代化建设步伐，取得了显著成绩。至2009年底，中国铁路营业里程达到8.6万 km；2009年客货发送量分别达到15.25亿人次、33.20亿 t，是2002年的1.5倍、1.6倍。

2007年，中国铁路实施了第六次大提速。在这次大提速中，我国首次在各主要提速干线（如京沪线、京广线、京哈线、胶济线等）大规模开行时速高达200~250 km的中国铁路高速（CRH）动车组列车，使既有线路提速改造达到了当时世界上的先进水平。

2008年中国拥有了第一条时速超过300 km的高速铁路——京津城际铁路。京津城际铁路于2005年7月开工建设，2007年12月全线铺通，试验最高时速394.3 km，该线设计时速为350 km，线路全长120 km，其中无砟轨道长度为113.6 km。它是《中长期铁路网规划》中的第一个开通运营的城际客运系统。

京沪高铁于2011年6月30日开始正式运营，是一条连接北京市与上海市的高速铁路，是2016年修订的《中长期铁路网规划》中"八纵八横"高速铁路主通道之一。

京沪高铁曾是世界上一次建成线路最长、技术标准最高的高速铁路，也曾是中华人民共和国成立以来投资规模最大的建设项目。京沪高铁全长1318 km，设24个车站，设计的最高速度为380 km/h。

此后，中国高铁里程不断增加。从 2003 年秦沈客专开始，中国高铁越来越多，中国高铁网络越来越密，特别是近 10 年来的发展历程……截止到 2017 年年底，中国高铁的总里程已经突破了 2.5 万 km。

"复兴号"于 2017 年 6 月 25 日正式作为中国标准动车组的名称，并于 6 月 26 日在京沪高铁正式双向首发。"复兴号"动车组在京沪高铁率先实现 350 km 时速运营，我国再次成为世界上高铁商业运营速度最高的国家。

复兴号 CR400 系列是上挡时速 400 km、标准时速 350 km。2018 年 7 月 1 日起，全国铁路实行新的列车运行图，16 辆长编组"复兴号"动车组首次投入运营。8 月 1 日，京津城际铁路上运行的动车组列车全部更换为"复兴号"。

1905 年，著名铁路工程师詹天佑主持修建了中国人自行设计和建造的第一条干线铁路——京张铁路。100 多年后的 2019 年，中国自主设计建造的京张高铁开世界智能铁路之先河。京张高铁是世界上首次全线采用智能技术建造的高速铁路。京张高铁采用的智能动车组定位于"复兴号"的智能型，以现有"复兴号"CR400BF 型动车组为基础，在世界上首次实现了时速 350 km 的自动驾驶，首次采用我国自主研发的北斗卫星导航系统。

2022 年，北京冬季奥运会（第 24 届冬季奥林匹克运动会），于 2022 年 2 月 4 日至 20 日在北京和张家口联合举行，这是中国历史上第一次举办冬季奥运会，京张高铁成为北京冬奥会的重要交通保障设施。

3. 分析总结

安全优质、兴路强国为新时期铁路精神，于 2014 年 1 月在中国铁路总公司工作会议上正式提出。这是突破以往精神理念的新发展，更是指引铁路职工前进的新思路。这一精神，不仅有历史的继承性，也有与时俱进的创新性。在全面建成小康社会、实现中华民族伟大复兴中国梦的历史新阶段，这一新的铁路精神，既有时代特色，又顺应了铁路发展的新要求，同时也是新时期铁路精神的新发展。"安全优质"体现了铁路的本质属性和首要职责，因为它是国家经济大动脉，处于运输业的主导地位，确保人民群众生命财产安全是铁路最重要的职责，为旅客、货主提供最优质的服务也是铁路的本质属性，只有做好了这些，才能实现铁路带动国家、国家带动铁路的互动发展，让铁路兴荣，国家强盛。

案例 2　中国铁路的发展
——培养爱国主义精神

【课程名称】交通运输工程学
【教学内容】我国铁路的建设与发展
【案例意义】通过学习该部分内容，可以明晰我国铁路的建设与发展历程，并深入了解先辈们的英勇事迹，培养爱国主义精神。

教学过程

1. 问题导入

通过介绍我国铁路的建设与发展历程，并引入先辈们的英勇事迹进行深入分析，挖掘相应的课程思政教育元素。通过铁路发展史中的典型案例，引出我国铁路发展过程中的榜样人物以及他们的英勇事迹。我国铁路的飞速发展离不开铁路人的辛勤付出，其间出现了许多以"中国铁路之父"詹天佑为代表的英雄人物，他们以自身实际行动诠释爱国主义精神，为中国发展注入强大动力。通过进一步分析案例，引出我们每个学生作为班级、学校、社会的一员，应该向先辈们学习，树立强烈的集体荣誉感和社会责任感，为国家、社会作贡献的主题思想。

2. 讲授正文

铁路是国家的重要基础设施，是国家经济发展的大动脉。在我国铁路的建设与发展过程中，出现了"中国铁路之父"詹天佑等英雄人物，他们为我国铁路的发展注入了强大动力。那么，在我国铁路建设与发展过程中出现的英雄人物有哪些？他们对铁路发展的贡献是什么？引出这些问题，启发学生积极主动思考。

在我国铁路建设与发展过程中，出现了"中国铁路之父"詹天佑、铁道工程兵杨树等英雄人物，他们为铁路发展作出了巨大贡献。詹天佑主持修建了中国自主设计并制造的第一条铁路——京张铁路，创设了"竖井开凿法"和"人"字形线路，在当时极大地鼓舞了人们的士气。铁道工程兵杨树带领全排战士用血肉之躯开山凿石，在隧道即将打通之时遭遇塌方，不幸以身殉职，为我国铁路的发展奉献了自己。

通过进一步的分析，发现这些英雄人物都具有令人敬仰的高尚精神品质。在铁路发展过程中他们勇于担当、攻坚克难，贡献自己的力量，推动技术的进步，为铁路建设添砖加瓦，继承和发扬铁路人的优良传统和奉献精神。通过介绍先辈们的英勇事迹，挖掘对应的课程思政元素鼓励学生学习先辈们敢为人先、无私奉献的高尚品德，树立强烈的集体荣誉感和社会责任感，培养爱国主义精神，培育浓厚的家国情怀和立志报国的雄心壮志，为国家、社会发展作的贡献。

3. 分析总结

通过以上内容的学习，学生能够从课程教学案例中了解铁路行业先辈们的英勇事迹，培养爱国主义精神。另外，在专业知识的深入讲解和领悟中挖掘对应的课程思政元素，使得课程中专业知识讲解和课程思政元素剖析顺畅，整个知识点融为一体，讲解过程自然而有深度。

案例 3　铁路线路
——以桥代路的工程实践与资源节约、环境友好型社会建设

【课程名称】交通运输工程学

【教学内容】铁路运输基本设备

【案例意义】结合我国青藏铁路、京沪高速铁路、喀和铁路等重大铁路工程建设历程，剖析在我国铁路线路建设当中越来越普遍的"以桥代路"现象背后的原因，在此基础上，提炼出"以桥代路"所反映出的在铁路建设中充分遵循"资源节约、环境友好"原则的科学理念。

教学过程

1. 问题导入

铁路线路是机车车辆运行的基础，由轨道、路基、桥梁、隧道建筑物组成。当铁路线路需要通过江河、溪沟、谷地及山岭等天然屏障时，往往会采取修建铁路桥梁的方式。我国先后建成了青藏高原铁路、京沪高速铁路、喀和铁路，在这些重大工程设计建造过程之中，修建超长距离的桥梁作为轨道的铺设平台，从而代替直接在地面铺路的传统模式，称为"以桥代路"。"以桥代路"已越来越普及，请大家一起来剖析其背后的原因。

2. 讲授正文

青藏铁路是一条连接青海省西宁市至西藏自治区拉萨市的国铁 I 级铁路，是中国新世纪四大工程之一，是通往西藏腹地的第一条铁路，也是世界上海拔最高、线路最长的高原铁路。铁路建设者攻克了"高寒缺氧、多年冻土、生态脆弱"三大世界性难题，铸就了"挑战极限、勇创一流"的青藏铁路精神。以青藏铁路格尔木至拉萨段为例，全长 1142 km，"以桥代路"的长度达 159.88 km。

京沪高铁是 2016 年修订的《中长期铁路网规划》中"八纵八横"高速铁路主通道之一，全长 1318 km，纵贯北京、天津、上海三大直辖市和河北、山东、安徽、江苏四省。沿线以平原为主，局部为低山丘陵区，经过海河、黄河、淮河、长江四大水系。京沪高铁于 2008 年 4 月 18 日正式开工，2011 年 6 月 30 日，全线正式通车，设计最高时速达 350 km。京沪高铁是世界上一次性建成线路最长、技术标准最高的高速铁路。京沪高铁"以桥代路"的长度高达 1061 km，占全线长度的 80% 以上。

分析其原因：青藏铁路沿线地区为多年冻土地带，生态环境脆弱，青藏铁路沿途穿越的可可西里、三江源、羌塘等国家级保护区是我国珍稀野生动物的栖息地，也是野生动物的生活区域和迁徙通道。修建桥梁，可以减少对沿线植被的破坏，给野生动物预留迁徙通道，尽可能减少铁路运输生产对生态环境和珍稀野生动物活动的影响，实现人与自然的和谐共处。

京沪高铁纵贯北京、天津、河北、山东、安徽、江苏、上海 7 个省市，穿过环渤海和长江三角洲等经济发展程度高的地区，沿途土地资源尤其是耕地资源相对紧张，沿线跨大江大河多，原有交通线密集。采用"以桥代路"的建设方案可以避免高铁与地面其他交通线路产生交会，避免多占用耕地等，更有利于建设资源节约、环境友好型社会。

3. 分析总结

铁路是国家重要基础设施、大众化交通工具，具有运力大、成本低、占地少、节能环保、安全性高等特点，是符合我国国情和可持续发展要求的交通方式。在我国重大铁路工程当中实施"以桥代路"方案，一方面体现了技术标准的革新及施工工艺、工法、标准等的不断提高，另一方面体现了人们对自然生态的深切认知。"以桥代路"是构建社会主义和谐社会和建设资源节约型、环境友好型社会的必然选择。

案例4 高速列车
——高速列车金名片背后的大国工匠精神

【课程名称】交通运输工程学
【教学内容】高速与重载铁路
【案例意义】通过讲述高速列车金名片背后的中国制造故事，引导学生培养对行业发展的自豪感、使命感和责任感。

教学过程

1.问题导入

2015年7月17日，中共中央总书记、国家主席习近平到中车长客股份公司参观视察。他走到公司劳模队伍中间，发表了重要讲话，"高铁动车体现了中国装备制造业水平，在'走出去''一带一路'建设方面也是'抢手货'，是一张亮丽的名片。希望你们再接再厉、创新驱动，继续领跑、勇攀高峰，带动整个装备制造业形成比学赶帮超的局面"。

提出问题引导学生思考：1列复兴号动车组有50多万个零部件、10万多个接线点、56000个数据确认项点，任何误差都可能对列车正常运行造成影响。在高速动车组的制造过程当中，如何保证零缺陷？

2.讲授正文

2015年7月17日，习近平总书记来到中车长客股份公司视察，接线班工人姚智慧清晰流利地背出了一大串工艺流程。总书记微笑着频频点头："这个'工序一口清'很厉害。"姚智慧认真地回复总书记："每列动车有19726根线束，10万多个接线点，必须将工艺流程倒背如流，才能保证高质量完成每道工序！"接线员每天要接200至300根线，接线完成后，与接线员实名挂钩的编号标签就被挂在线束绑带上，和这条线共同守护列车的正常运行。"一口清""实名制"都是中国中车在"标准为王"的旗帜下，为保证高速动车组制造严谨性、精密性而制定的要求。所谓"一口清"，就是在生产工人的班前会上，随机抽一名员工站在6 m开外，高声背诵出自己的工艺文件和操作流程。"实名制"则要求每名员工完成每一道工序之后贴上自己的名字，并对其终生负责。这种"把标准刻进骨子里，把规矩化到血液中"的精神，正是中国高铁工人的写照。

李万君，始终坚守在焊接岗位一线，从一名普通焊工成长为我国高铁焊接专家。2007年，他在外国对我国高铁技术封锁面前实现"技术突围"，并在之后的十几年间一次又一次实验，取得了一批重要的核心试制数据，积极参与填补国内空白的几十种高速列车、铁路客车、城铁车转向架焊接规范及操作方法的制定工作，总结并制定了30多种转向架焊接操作方法。近十年来，李万君当选首届"大国工匠年度人物"，先后获"全国劳动模范""全国五一劳动奖章""感动中国年度十大人物"等荣誉。

罗昭强，由一名普通工人成长为中车长客股份公司400多台(套)高铁核心设备的"全科医生"。2016年，他怀揣"亲手参与制造高铁"的梦想，在过了不惑之年之后从维修电工转岗至高铁调试工，坚持"无论从事哪个工种，干，就要干到顶尖儿"的信念，经过疯狂充电，仅用了半年多时间，便以惊人毅力完成了人生又一跃，从"设备医生"成功转型为"高铁医生"，并后来居上，凭借一身的列车故障判断和逻辑分析绝活，成为业界首屈一指的高铁调试大师。2019 年 1 月，罗昭强主持完成的"高速列车整车调试环境模拟技术及应用"项目荣获国家科学技术进步奖二等奖。这是中国高铁领域第一次由一线工人荣获国家科学技术进步奖。罗昭强一步步成长为中国中车集团首席技能专家，先后获得"中华技能大奖"、"全国技术能手"、"全国五一劳动奖章"、吉林省"劳动模范"、"吉林工匠"、"火车头奖章"等荣誉。

在中车系统，像李万君、罗昭强这样的大国工匠还有很多。他们虽然身处普通的工作岗位，但把工作做到极致，精益求精、追求卓越、自主创新。他们是"复兴号"得以成功的原因之一，也是实现中华民族伟大复兴的中坚力量。

3. 分析总结

从"中国制造"到"中国创造"，飞驰在神州大地上的高速列车实现了中国铁路由"追赶者"到"领跑者"的跨越。托起这段伟大跨越的除了不断创新的技术，还有一批"大国工匠、"工人院士"的凝心聚力。中国铁路已经实现领跑，我们面前已没有路，唯有靠创新开辟出一条路。只有打造一支技术高超、勇于创新的高端人才队伍，才能确保中国高铁这张"金名片"持续闪亮。

4

机车车辆工程

教学内容和思政融合设计

序号	教学内容	思政映射与融入点	编者
1	知识点：铁道机车车辆的发展	案例1：机车车辆工程绪论——高铁精神和专业自豪感	谢素超
2	知识点：机车发展之新能源机车	案例2：新能源机车——绿色、节能、环保	钟睦
3	知识点：车辆标记	案例3：出国列车悬挂国徽——国之重器承载民族复兴的使命与荣耀	张书增
4	知识点：转向架焊接构架	案例4：转向架焊缝工艺——职业精神的极致追求	张书增，李雄兵
5	知识点：客车转向架	案例5：客车转向架的发展——发扬大国工匠精神	谢素超
6	知识点：货车转向架，径向转向架	案例6：径向转向架——化解横向运动稳定性与曲线通过性能的矛盾	钟睦
7	知识点：内燃机车辅助系统	案例7：辅助系统稳定性——弥补团队的薄弱环节，不让一个人掉队	张书增，李雄兵
8	知识点：我国高速铁路的发展历史	案例8：我国高速铁路的发展历史——坚持自主创新	刘堂红
9	知识点：流线型车体结构	案例9：流线型车体结构——青年要适应当今时代特征	刘堂红
10	知识点：动车组转向架	案例10：动车组转向架——合作共赢	刘堂红
11	知识点：动车组车体结构碰撞安全保护技术	案例11：以人为本——耐撞性技术守护乘客生命的最后防线	许平
12	知识点：动车组与城市轨道车辆	案例12：地铁、轻轨车辆——培养吃苦耐劳、坚守奉献与科学严谨的精神	姜琛
13	知识点：轨道车辆空调系统	案例13：轨道车辆空调系统——主动思考，学以致用	伍钒

案例1　机车车辆工程绪论
——高铁精神和专业自豪感

【课程名称】机车车辆工程
【教学内容】铁道机车车辆的发展
【案例意义】借助中南大学天心校区内的詹天佑铜像，深入讲述"中国铁路之父"詹天佑的故事，介绍我国车辆工程的发展历程、现状；结合高铁宣传片如《超级工程Ⅱ：中国车》，让学生感受新时代下的高铁速度，激发学生专业自豪感与民族自豪感，使学生秉持高铁精神和爱国主义精神，团结协作，发挥艰苦奋斗精神，为国家事业奋斗。

教学过程

1. 问题导入

借助中南大学天心校区东门口矗立着的詹天佑工程师铜像，讲好"中国铁路"之父的故事。他是近代中国铁路发展历程中的重要代表人物，也是千千万万老一代铁路人的形象缩影，以此他的故事为切入点介绍铁道运输的现状及发展趋势，引出"机车车辆工程"这门课程。

2. 讲授正文

谈及我国铁路的发展历史，不得不提到"中国铁路之父"——詹天佑。为纪念他并弘扬他锲而不舍的奋斗精神、孜孜不倦的创新精神和科技兴国的爱国精神，中南大学天心校区在校内矗立了一座詹天佑工程师的铜像。作为中国首位铁路总工程师，詹天佑领导修建了京张铁路等重要工程，因此被誉为"中国铁路之父"和"中国近代工程之父"。这座铜像不仅仅表达了对他个人的敬意，更是对中国铁路事业的崇高致敬，激励后人继承发扬铁路精神。

詹天佑在1905—1909年主持修建中国自主设计并建造的第一条铁路——京张铁路，创设"竖井开凿法"和"人"字形线路，震惊中外。1905年，袁世凯决定不用外国资金，亦不使用外国人，全部由中国自行修建京张铁路。詹天佑被任命为总工程师，之后更兼任铁路总办。京张铁路全长约222 km，由于要经过长城内外的燕山山脉，需要建不少隧道及桥梁，工程相当复杂。当时多数外国人质疑中国人自行建造这条铁路的能力；詹天佑亦明白工程艰巨，并关系到中国工程师的声誉，但仍然坚持努力尝试。詹天佑从三条他本人亲自勘定的线路中，选择兼顾成本及线路走向、客流量较为适中的一条。另一条他认为线路走向、客流量较好但因造价较高而被迫放弃的线路，在1955年建成了丰沙铁路。京张铁路在4年后的1909年8月11日建成，10月2日通车，施工时间比原定缩短了2年；而建造成本亦比原来预算节省了35万两白银。铁路上有4条隧道，其中八达岭隧道长1092 m，是居庸关隧道的3倍长，采用竖井方法挖掘；另外有200 m长、钢架结构的怀来大桥；此外还在八达岭段（尽是悬崖峭壁）使用了"人"字轨道攀斜，解决了地势险要、坡度过大而资金有限的问题。京张铁路的成功建造，不单是中国近代工程史上的重要成就，对当时正掀起民间自办铁路风气的中国亦起了很大的激励作用。

自中华人民共和国成立以来，铁路人始终将铁路安全置于党和国家工作大局之下，坚守将国家利益和社会效益置于首位的原则，主动融入地方经济社会发展大局。纵观当下，我国提出建设交通强国战略，"十四五"期间加快迈向交通强国，使铁路改革发展成果更多惠及人民群众。在经济发展中，铁路人不仅扮演着"共抓大保护、不搞大开发"的践行者的角色，而且在推动绿色可持续发展方面发挥了积极作用。

接下来，给学生播放 2 个视频，让他们感受新时代下高铁的飞速奔驰。这 2 个视频将向我们展示中国铁路已经进入了飞速发展的时代，高铁凭借其运量大、占地省、能耗低等众多优势迅速崛起。近年来，我国高铁行业蓬勃发展，运营里程近 30000 km，设计速度最高为 350~380 km/h，上线运营列车达 5000 多列，我国已成为名副其实的高铁大国。中国已成为世界上高铁系统技术最全、集成能力最强、运营里程最长、运行速度最高、在建规模最大的国家，毫无疑问，我国高铁速度已然领跑世界。更重要的是，高铁已经形成了一种精神——高铁精神，在我们享受中国速度时更是收获了一份中国高铁精神。这不仅是一种交通工具的飞跃，更是中国在科技创新和国家建设上取得的骄人成就。让学生感受这股强劲的发展势头，为中国高铁的崛起而自豪。

高铁发展从技术引进到自主研发，再到今天的科技输出，依托的精神源泉是高铁精神。那么高铁精神的具体内涵是什么呢？高铁精神并不是空中楼阁，而是真切可感、真正存在的精神。首先，高铁精神是"永远在起点、永远在持续超越中前进"的创新精神；其次，高铁精神是"把标准刻进骨子里，把规则融进血液中"精益求精的精神；最后，高铁精神是"为国家争光，为民族争气，打造出中国品牌"的爱国精神。对于高铁人来说，无论什么技术，什么创新，什么精神，都离不开爱国主义这一动力源泉，高铁人始终以献身高铁、科技报国为己任，把强烈的爱国情怀体现在岗位上，落实在行动中。

对于正值青春年华时期的当代大学生而言，爱国主义精神是应该埋在心底的信仰，并体现在各个方面。首先，应该积极投身于社会实践，深入实际，提出真知灼见；其次，从理想与信念着手，形成自我责任意识；再者，需要坚持求真务实的科学精神和团结协作、艰苦奋斗的作风；最后，要树立民族自尊心和自豪感，相信我们伟大的祖国，努力建设祖国，使我们的祖国能自尊、自信、自强地屹立于世界民族之林。

3. 分析总结

导入是课堂教学的起始环节，正所谓"好的开始是成功的一半"。在本案例中由詹天佑引入，吸引学生的注意力，激发学生的学习兴趣，把他们的思绪带进特定的学习情境中。通过联系生活和创设情境，激发学生探究新知的欲望，让学生感受到机车车辆的价值，产生学习的动力。

新课程改革背景下，新的教学方式和手段层出不穷，其中多媒体因具有直观性强、传输速度快、容量大的特点而深受广大师生的喜爱。在本案例中，作为课堂引入播放的 2 段纪录片，可以让学生更加具象化地了解我国高速铁路的发展历程。它们集文字、图像、声音和动画于一体，能够变抽象为具体，化难为易，有效减轻学生的学习负担，调动学生的学习进取性和积极性，提高课堂教学效率。为课程注入思政元素与精神力量，激发学生的专业自豪感与民族自豪感，全面提高学生的综合素质。

案例 2 新能源机车
——绿色、节能、环保

【课程名称】机车车辆工程

【教学内容】机车发展之新能源机车

【案例意义】引导学生正确认识新能源轨道交通机车的重要性,了解新能源机车的现状与发展趋势,熟悉相关知识概念;培养学生的绿色意识和环保责任感,理解轨道交通机车在环境保护和可持续发展中的重要地位以及在"双碳"目标下的重要作用;使学生能够在机车结构设计和优化过程中,在满足安全的前提下,考虑经济因素和环境因素;能够站在环境保护和可持续发展的角度思考工程实践的可持续性,评价轨道交通设备与控制工程领域生命周期对人类和环境造成的潜在影响和隐患。

教学过程

1.问题导入

调车机车主要用于调车、编组和小运转作业。机车作业过程中,需要频繁起动、加速、换向和制动,传统调车内燃机车柴油机满负荷工作的时间仅占 1%~2%,多数时间处于惰转待命状态,由此造成油耗高、燃油燃烧不充分、环境污染较重等问题。

21 世纪初始,我国进入绿色、节能、环保型机车的发展阶段。如何降低机车燃油产生排放,减少污染,实现既经济又环保的目标,成为一个重要的课题。

2.讲授正文

新能源机车包括油电混合动力机车、LNG(液化天然气)—柴油双燃料机车、氢燃料电池混合动力机车、具备在线充电能力的蓄电池–超级电容机车与动车组等。

1)油电混合动力机车

HXN6 型油电混合动力交流电传动机车由中车资阳机车有限公司研制,是一款能适应工矿企业调车机车作业特点及运用环境的新能源机车。

HXN6 型机车动力源由"动力电池组+柴油发电机组"共同组成,柴油机装车功率 1250 千瓦,动力电池组装车容量 1270 kW·h,优先采用动力电池组提供动力,单机调车牵引货物能力超万吨,具有经济、节能、环保等特点。

根据负载的不同,机车可由动力蓄电池组、柴油发电机组单独驱动或二者共同驱动。在柴油机不工作情况下,仅由蓄电池提供动力就可以完成调车场编组、推峰的作业,机车具备电空混合制动能力,可以减少闸瓦消耗,并回收部分列车动能。机车具备利用廉价的地面电源快速充电功能,1 h 内可以完成动力蓄电池充电,进一步降低燃油消耗。

与同等功率的传统调车机车相比,该机车具有世界领先节能环保技术,单机每年可减少 30%~40% 的燃油消耗,与传统内燃机车相比,硫氧化合物、碳氧化物、氮氧化物和颗粒物排放减少 3~5 t,以及碳排放减少 280.5 t 至 467.5 t。

2) LNG(液化天然气)—柴油双燃料机车

DF8B-LNG 双燃料机车是为满足中国铁路节能、环保及经济性的要求而开发的新型交流电传动干线货运内燃机车。机车装用 16V280ZJ/S 双燃料发动机,采用甲烷+轻柴油为燃料,甲烷采用液态形式存储在机车上。轴列式为 C0-C0,发动机型式为四冲程、废气涡轮增压、增压空气中间冷却、电控双燃料燃烧方式(柴油直喷与多点缸内直喷燃气),发动机装车功率为 3680 千瓦,最高运行速度为 120 km/h,燃油储量 9000 升,LNG 储量(有效容积)2400 升。机车发动机燃油替代率 80%,硫氧化物排放降低 80%,二氧化碳排放降低 20%,氮氧化物排放降低 30%,燃料费每年可降低 20%以上。

3) 氢燃料电池混合动力机车

在"碳达峰、碳中和"目标引领下,2021 年 10 月 29 日,由中车大同公司研制的首台氢燃料电池混合动力机车正式在内蒙古锦白铁路投入运行。经过 2 年的运行,该机车高效完成调车、运转等牵引任务,安全运行 35473 km,总能耗 27.36 万 kW·h,减少碳排放约 360 t。该机车时速 80 km,满载氢气可单机连续运行 24.5 h,平直道最大牵引载重超过 5000 t。

相比传统燃油和电力机车,氢能机车采用的氢燃料电池排放物为水,可实现零污染、零排放,具有绿色环保的突出优势。氢气先是被存储在氢气储存罐中,然后进入燃料电池中,该电池通常使用质子交换膜燃料电池(PEMFC)。在燃料电池中,氢气通过质子交换膜与氧气发生化学反应,产生水和电能。机车可在各类机务段、车辆段、编组站以及大型工厂、矿山、港口等场所执行运转、调车、救援等多种任务,不用改变任何铁路基础线路,运行成本低,维护也更加便捷。

4) 电-电混合动力调车机车

中车大连公司自主研发的电-电混合动力调车机车于 2023 年 7 月 20 日正式下线,这是大机车首台零排放、电-电混合动力调车机车,是中车大连公司基于国家科技创新发展战略、绿色发展及环保要求研发的零排放、高性能,适用于所有调车工况的调车机车。

这款机车为复兴系列调车机车标准化人机工程样车,采用接触网与动力电池两种能源,通过研究最优的电-电混合能源比,攻克储能系统在轨道交通安全运用的关键技术,节能、环保、零排放,无柴油机噪声、无污染物排放,以绿色主题外观彰显其环保特性。相比传统内燃调车机车,传动效率提升 10%以上。在动力制动时,可将动能转化为电能,反馈给电网或为动力电池充电。

5) 燃料电池-超级电容混合动力低地板有轨电车

中车唐山公司研制的燃料电池-超级电容混合动力 100%低地板有轨电车,在国内外首次采用燃料电池-超级电容-动力电池混合动力系统为车辆提供牵引和辅助供电,完全不依赖于受电弓供电,实现了零排放和全程无接触网运行模式,是节能环保的新能源有轨电车。

该车持续运行速度为 70 km/h,连续行驶里程可达 40 km 以上。在有轨电车上应用的动力电池箱综合冷却和燃料电池系统余热利用两项技术,属国内外首创。当列车启动时,由具备大功率充放电特性的超级电容供电。列车停站或回库时,若超级电容和蓄电池电量不足,燃料电池可为其充电,提供启动所需能量。该车具备灵活调整编组优势,可适应不同城市线路的载客量需求。

3. 分析总结

随着我国低碳发展、绿色发展战略的实施,同时伴随着燃油价格攀升带来的成本压力,资源节约、环境友好的新能源机车已成为客户的迫切需求，特别是解决"最后一千米"问题的机车车辆(如调车机车、厂矿自备机车等)和非运输特殊用途的机车车辆(如路用机车、工程车、旅游体验列车等)。新型绿色节能环保机车不仅具有节能、环保、高效等特点，也符合我国绿色发展的根本要求和国际技术发展趋势，将是引领未来轨道交通智能绿色发展潮流的重要装备。

案例3　出国列车悬挂国徽
——国之重器承载民族复兴的使命与荣耀

【课程名称】机车车辆工程

【教学内容】车辆标记

【案例意义】本节讲授机车车辆标记相关知识，强调产权标记中会有国徽、路徽、配属标记等；通过讲解这些内容彰显国家的实力和自信，凸显国徽承载的民族复兴使命，增强学生的国家荣誉感与使命感。

教学过程

1. 问题导入

车辆标记分为产权、制造、检修和运用四类。产权标记包括国徽、路徽和配属标记等。凡参加国际联运的机车和客车需在侧墙中部悬挂特制的国徽。请问同学们，你们是否见过悬挂国徽的列车？又是否了解国徽的来历及其象征意义？

2. 讲授正文

我们首先来简单谈一谈我们国家的国徽。中华人民共和国国徽由国旗、天安门、齿轮和谷穗构成，其中国旗和天安门象征国家，齿轮象征工人阶级，谷穗象征农民阶级。国徽象征中国人民自五四运动以来的新民主主义革命斗争和工人阶级领导的以工农联盟为基础的人民民主专政的新中国的诞生。

我们的国徽上的谷穗，是谁提议画进国徽图案里的呢？这里面还有一个小故事。1942年冬天，山城重庆寒风阵阵，宋庆龄同志在她的寓所为欢送董必武同志返回延安而举行茶话会。周恩来同志和邓颖超也应邀出席。茶桌上摆着的重庆近郊农民送来的两串颗粒饱满的禾穗，被炉火映照得金光灿灿。有人赞美这禾穗像金子一般。宋庆龄说："它比金子还宝贵。中国人口百分之八十都是农民，如果年年五谷丰登，人民便可丰衣足食了。"周恩来同志抚摸着饱满的禾穗，意味深长地说："等到全国解放，我们要把禾穗画到国徽上。"果然，全国解放以后，他没有忘记自己在那次茶话会上的讲话，在拟制中华人民共和国国徽图案时，他建议把禾穗画上去。

1950年9月20日，毛泽东主席正式公布了中华人民共和国国徽图案及说明。从此，我国庄严而美丽的国徽诞生了。但国徽并不是随便可以使用的，只有在特殊的场合才可以使用，而且使用时一定要庄严庄重。当一个人能够佩戴上国徽时候，一定会特别自豪，而且有理由为此自豪。

在近几十年里，我们国家的科技飞速发展，全世界最大规模的水电工程——长江三峡工程建设成功；"神舟五号"宇宙飞船发射成功，使中国成为世界上第三个有能力送宇航员进入太空的国家；"天宫二号"成功登陆月球……这些说不完道不尽的伟大事迹足以让今天的我们在世界面前骄傲。当挂有国徽的列车从中国通商口岸驶向世界时，我们理应为此感到无比骄傲。

3. 分析总结

同学们，当我国的列车配有国徽标记后，它就代表着我国的形象；鲜艳的国徽也在向世人表明，这列火车来自东方大国——中国。请大家牢记国徽的来历，铭记祖国今日的强大是无数代人共同努力的结果。而在座的各位都将是其中的一员，今天我们因富强的祖国而自豪，明天祖国也必将因我们的担当和努力而骄傲。

案例 4　转向架焊缝工艺
——职业精神的极致追求

【课程名称】机车车辆工程
【教学内容】转向架焊接构架
【案例意义】追求卓越，把工作做到极致，这正是职业精神的最高体现。

教学过程

1. 问题导入

客车转向架主要由构架、弹性悬挂装置、轮对轴箱装置、制动装置、支撑车体装置等部分组成，其中转向架构架通常采用整体焊接式构架形式，它是转向架的基础，承载和传递各种力，其性能直接决定着转向架的性能。焊缝是保证转向架构架质量的关键因素。如今我国转向架焊缝的质量都能得到保证，但是 10 年前乃至 20 年前，我国的焊接技术是怎样的呢？其实，我国焊缝质量得以逐步发展，其中饱含着一群焊接工人的辛酸和努力。今天我们来了解一下转向架构架焊缝中的故事。

2. 讲授正文

我们来简单讲一讲转向架构架焊接技术背后，我国的大国工匠李万君的感人故事。"技能报国"是他的终生夙愿，"大国工匠"是他的至尊荣光。他从一名普通焊工成长为中国高铁焊接专家，是"中国第一代高铁工人"中的杰出代表，是高铁战线的"杰出工匠"，被誉为"工人院士""高铁焊接大师"。他凭着一股不服输的钻劲儿、韧劲儿，积极参与填补国内空白的几十种高速车、铁路客车、城铁车转向架焊接规范及操作方法的制定工作。他研究探索出的"环口焊接七步操作法"成为公司技术标准。他为公司培训焊工 1 万多人次，创造了 400 余名新工提前半年全部考取国际焊工资质证书的"培训奇迹"，培养出一批技能精湛、职业操守优良的技能人才，为打造"大国工匠"储备了坚实的新生力量。然而，在荣誉的背后，他付出了常人难以承受的艰辛。

1987 年，19 岁的李万君职高毕业，成了中车长客股份公司焊接车间水箱工段的一名焊工。李万君的父亲也是中车长客股份公司的老职工，是厂里连续多年的劳模。成为像父亲一样的劳模，是李万君小时候的心愿，但真的走上工作岗位，他才发现水箱焊接工作是何等艰苦。"过去有一个顺口溜形容我们：远看像逃难的，近看像要饭的，仔细一看是水箱工段的。"一年后，当初和李万君一起入厂的28个伙伴，25个离了职。李万君也曾想让父亲凭借关系帮他调换车间，可没想到，父亲却为他找来了更多供他练习焊接技术的焊条和模具。看到老劳模们兢兢业业，李万君立志"要当一名像样的技术工人"。

披挂着厚重的帆布工作服，扣着封闭的焊帽，李万君和工友们在烟熏火燎中淬炼意志。老师傅们都说这孩子太黏人，问题问得太细。厂里要求每人每月焊100个水箱，他总会多焊20个；厂里两年发一套工作服，但在高温、火花四溅的焊接环境下，他一年便磨破四五套。就凭着这么一股勤学苦练、锲而不舍的干劲儿，李万君练就了一套过硬的焊接本领。

刚进厂时，李万君想的只是干好手中的活，当上劳模。可干着干着，他意识到了作为大国工匠的责任。在李万君的工作室里，记者看到了他的焊接作品，还有不同时期用焊枪焊出的字。每每谈到这些作品，李万君脸上满是自信与自豪。"每个焊件都不能有瑕疵，每个焊件都是艺术品。"这是李万君对自己的苛刻要求。在焊接作业上，李万君严格控制每一道焊缝的质量，不放过任何一个细微环节，努力做到完美。就这样，李万君凭借精湛的焊接技术，参与了几十种高速车、铁路客车、城铁车的研发，填补了国内在这方面的空白，以及出口澳大利亚、新西兰、中国、巴西、泰国、沙特、埃塞俄比亚等国家和地区的列车转向架项目，总结并制定了20多种转向架焊接规范及操作方法，技术攻关100多项，其中21项获得国家专利，代表了中国轨道车辆转向架构架焊接的世界最高水平。一次又一次地试验，一次又一次地攻关，李万君的焊接技术早已出神入化。

正是这执着的信念、不懈的坚持、持续的努力，成就了大国工匠李万君，也使得中国高铁可以平稳地运行在中国的大地上，成为当代中国一张亮丽的名片。而在中国高铁持续稳定发展的背后，却有着无数像李万君一样辛苦的劳动者，他们坚持在自己的岗位上，付出辛勤的汗水，努力完成自己的工作，并尽力把工作做到极致。他们的精神永远值得我们学习。

3. 分析总结

时代在变化，现在的学生毕业后更关注工资、职称晋升、工作环境等问题，却很少有人在想自己能够给企业、给国家作出什么贡献，有些人不再脚踏实地努力干好本职工作。如果大家都这样，我国基础事业如何发展，我国制造业如何进步？所以，希望大家通过该课程，能够有一份爱岗敬业之心，努力提升自己，做好自己的本职工作，并且有着精益求精的精神，以李万君等大国工匠为榜样，好好学习，报效祖国。

案例5　客车转向架的发展
——发扬大国工匠精神

【**课程名称**】机车车辆工程
【**教学内容**】客车转向架
【**案例意义**】引入习近平总书记在党的第十九次全国代表大会上的报告中"建设知识型、

技能型、创新型劳动者大军，弘扬劳模精神和工匠精神，营造劳动光荣的社会风尚和精益求精的敬业风气"的发言，介绍转向架焊接领域劳动模范李万君、曾艳梅的故事讲解客车转向架的分类和工作原理以及构造等知识，介绍其发展历程、升级过程中遇到的瓶颈，以此来增强学生对国家工业发展的使命感，激发其对轨道交通专业的认同感，培养其工匠精神。

教学过程

1. 问题导入

我国客车转向架在发展过程中经历了哪些"磨难"？是哪些技术瓶颈阻碍着转向架的发展？结合大国工匠李万君和巾帼工匠曾艳梅的故事，增强学生对国家工业发展的使命感，培养学生精益求精的工匠精神。

2. 讲授正文

习近平总书记在党的第十九次全国代表大会上强调："建设知识型、技能型、创新型劳动者大军，弘扬劳模精神和工匠精神，营造劳动光荣的社会风尚和精益求精的敬业风气。"引用一个鲜活的实例——大国工匠李万君的故事，向学生生动展示这一理念的实践。这是一个关于在国际高铁技术封锁面前，一位工匠不畏艰险、勇攀高峰的感人故事。为了在外国对我国高铁技术封锁面前实现"技术突围"，李万君凭着一股不服输的钻劲儿、韧劲儿，一次一次地试验，最终取得了一批重要的核心试制数据。特别是在填补国内空白的轨道车辆转向架焊接规范及操作方法方面，李万君作出了卓越的贡献。他参与并主导了100余项技术的攻关，为国家的高铁技术研究和创新付出了巨大的努力。这位劳动模范的奋斗精神和不断追求卓越的态度，不仅是老一代铁路人的楷模，也是新一代铁路人的榜样。

转向架是铁道车辆上最重要的部件之一，直接承载车体重量，保证车辆顺利通过曲线，同时，它的各种参数也直接决定了车辆的稳定性和乘坐舒适性。客车转向架的起步到发展经历了一系列的进程，是铁路发展的一部分。

接下来，一同走进全球视野中的轨道交通领域，认识一位卓越的轨道交通转向架设计师，同样也是我们引以为傲的中南大学校友和全国巾帼奖章获得者——曾艳梅学姐。在外界看来，她拥有众多令人瞩目的头衔，既是励志偶像、技术专家，又于2017年荣膺全国五一巾帼奖章。曾艳梅能获得这些荣誉，离不开她的坚持不懈、默默奉献。用她自己的话说："我的每一次学习、每一步进步都是从低头、仰头的起点开始的。"这句简单而深刻的话，凝聚着她对学业的执着追求和对事业的坚守。18年的"低头仰头"，让曾艳梅成功攀登了一个又一个高峰。为了打破国际上对地铁转向架技术的垄断，中车株机于2005年启动了自主研发时速120 km速度级B型地铁转向架项目。曾艳梅毫不犹豫地自荐，主动承担了工作量最大、难度最大的转向架构架研发任务。在曾艳梅的带领下，团队克服了一个又一个技术难关，最终，该转向架项目提前完成研发，成功摆脱了被跨国公司垄断的局面，实现了中国地铁高速技术自主化"零"的突破。曾艳梅因此成为行业的佼佼者，更为我们树立了学习楷模，激励我们在追求梦想的道路上勇攀高峰，始终保持对知识和技术的谦虚态度。她的故事告诉我们，只要心怀梦想，坚持努力，就能在自己的领域创造辉煌。

不论是全国劳模、大国工匠李万君还是全国巾帼奖章获得者曾艳梅，他们身上均表现出一种辛勤劳作、拼搏奋斗的工匠精神。十年"逆袭"之路，中国高铁所展现出来的安全与优质，是一代高铁人拼搏奋斗的工匠精神的最好体现。中国铁路事业飞速发展，源于敬业、精益求精、专注、协作和创新的工匠精神。高铁工匠们不断提高技艺，努力塑造中国高铁品牌，诠释卓越的高铁精神，更乐意成为我国高铁在进军国际市场中输出标准的"园丁"。正是一代"高铁工匠"们甘于无私奉献，中国高铁才得以"逆袭"，中国高铁标准才得以走进越来越多的国家。

新时代的大学生应自然而然地肩负起建设中国、建设社会主义的重要使命，要以李万君、曾艳梅等典范为榜样，努力在自身领域中发光发热，铸就起工匠精神的坚实基石。这不仅是对个人的要求，更是我们作为新时代的前线阵地人员的责任。希望同学们能够深刻领悟并践行工匠精神，将其融入日常学习和未来工作中。成为具有工匠精神的制造业从业者，不仅要在技术领域取得卓越成就，更要以严谨的工作态度、追求卓越的精神风貌，为中国制造业注入更多创新力量。我们追求的不仅仅是个人成功，更是成为具有大国胸怀的国家栋梁。通过学习和实践工匠精神，有助于激励自己成为具备全球竞争力的领军人才。这不仅有助于我们自身成长，更将为新时代中国的繁荣和崛起作出积极贡献。让我们共同努力，成为引领时代潮流的力量，为中华民族伟大复兴贡献自己的智慧和力量。

3. 分析总结

客车转向架发展历程长、型号复杂，学习理解难度较大，因此，单纯的理论教学、枯燥的结构和型号讲解容易使学生产生倦怠情绪。在教学过程中，用生活中劳动模范的故事作为课程思政适时、巧妙、自然地融入课堂讲授中，不会让学生有陌生之感的同时还加深了学生对大国工匠精神的理解，以达到融会贯通知识、提升素质、平衡能力的目的。

案例6　径向转向架
——化解横向运动稳定性与曲线通过性能的矛盾

【课程名称】机车车辆工程

【教学内容】货车转向架，径向转向架

【案例意义】机车车辆设计中常常存在一些矛盾，如何化解这些矛盾，是机车车辆设计长期研究的课题。掌握矛盾论和实践论的基本理论，有助于我们利用辩证唯物主义和历史唯物主义观点思考机车车辆设计中的基本知识和原理，培养独立思考和判断的能力，在轨道交通设备与控制工程领域的设计开发中体现创新意识。

教学过程

1. 问题导入

车辆转向架在保证车辆灵活地沿直线线路运行及顺利地通过曲线的同时，应尽可能减小轨道不平顺等因素对车体的冲击和轮轨之间的磨耗。但提高转向架横向运动稳定性与改善曲线通过性能的要求往往互相矛盾：为了保证转向架的抗蛇行运动稳定性，要求转向架的轮对与构架间有足够的定位刚度，而为了使转向架顺利地通过曲线，又要求轮对定位尽量柔软，以使其轮对能处于纯滚动的径向位置。

如何解决转向架曲线通过性能和横向稳定性之间的矛盾？一个比较容易想到的办法是在降低轴箱定位刚度的同时增加车辆摇头阻尼，但更有效的方法则是采用径向转向架(radial truck)。

2.讲授正文

车辆通过曲线时，所有轮对都具有趋于曲线径向位置的能力的转向架，称为径向转向架。

径向转向架按导向作用原理可分为自导向转向架与迫导向转向架，我国的转K7型转向架属于自导向转向架。

1)自导向转向架

自导向(self-steering)转向架利用进入曲线时轮轨间产生的蠕滑力，通过转向架自身导向机构的作用使转向架的前、后轮对"自动"进入曲线的径向位置。前后两轮对呈八字形，其摇头角大小相等，方向相反。

两轮对间的弹性约束可用等效剪切刚度 K_s 和等效弯曲刚度 K_b 来模拟。等效剪切刚度 K_s 定义为弹性复原力与两轮对相对横向位移的比值。相对横向位移可由两轮对的反相横摆或同向摇头（菱形变形）引起。等效弯曲刚度 K_b 定义为弹性复原力矩与两轮对相对摇头角度的比值。为提高转向架曲线通过性能，等效弯曲刚度 K_b 尽可能小；为提高转向架的横向稳定性，需要较大的等效剪切刚度 K_s。

自导向转向架在两轮对间加装自导向机构，使前后轮对产生相反的摇头角，限制侧架与轮对的菱形变形，实现大的等效剪切刚度 K_s；采用柔软的轴箱弹簧装置，实现较小的等效弯曲刚度 K_b。

最先取得成功并已得到普遍应用的自导向转向架是南非铁路的对角斜撑转向架，发明者是南非铁路工程师 Scheffel，所以也称 Scheffel 转向架。

美国铁路工程协会 List 设计的 DR-1 型转向架是采用导向臂的自导向转向架，导向臂由 Dresser 公司提供，所以称为 Dresser DR-1 型转向架。结构为两个弓形导向臂分别固定于轮对的承载鞍上，并通过摇枕上的一个孔连接起来，以提供轮对间的对角控制，起稳定和导向作用。在承载鞍与转向架侧架间安装橡胶垫，提供第一系弹性悬挂，赋予轮对较大的纵向自由度。

2)迫导向转向架

迫导向(forced-steering)转向架利用进入曲线轨道时车体与转向架构架间的相对回转运动，通过专门的导向机构（如连接车体与轴箱或副构架的杠杆系统）使前、后轮对偏转，利用转向架相对车体所作的摇头角位移，强迫轮对进入曲线后处于曲线径向位置。

理论上迫导向转向架不仅能够使轮对在任何曲线上处于曲线径向位置，而且其导向机构还可同时提供较大的轮对纵向定位刚度，故能够完美地解决横向运动稳定性与曲线通过性能的矛盾。但迫导向径向转向架的导向机构要直接或间接地与车体相连，结构比自导向径向转向架和一系柔性转向架复杂，制造精度要求较高。

由英国 Scales 发明设计、美国 Devine 公司制造的 Devine-Scales 转向架是迫导向径向转向架的一个例子。该转向架采用焊接刚性构架，转向架每侧的导向杠杆系统将轮对与车体连接起来。车辆进入曲线时，由于车体与转向架间的相对回转运动，导向杠杆系统使曲线外侧的轴距扩大，曲线内侧的轴距缩小，从而使轮对处于径向位置；在直线轨道上，刚性构架和导向杠杆系统使轮对保持在与轨道垂直的位置上，增加横向稳定性，抑制转向架的蛇行运动。

3）转 K7 型自导向转向架

我国眉山车辆厂引进南非先进成熟的 Scheffel 转向架技术，研制了转 K7 型自导向转向架，以改善车辆动力学性能和运行品质。

转 K7 型转向架的自导向原理：转 K7 型转向架是在原三大件转向架的基础上将一个轮对的左右两个承载鞍相连，形成 U 形副构架；前后两个轮对通过连接杆与两 U 形副构架销接在一起，形成自导向机构。在转向架通过曲线时，由于前轮对的导向作用，U 形副构架将拉、压力通过连接杆传递到后轮对，再加上一系橡胶堆 3 的存在，使得转向架具有较小的抗弯刚度，允许转向架轮对在曲线上作径向或八字形位移，但限制菱形位移，增大转向架的抗菱刚度，提高蛇行运动的临界速度，解决蛇行稳定性和曲线通过性能的矛盾，大幅减少轮轨磨损。

3. 分析总结

解决车辆转向架曲线通过性能和横向稳定性之间的矛盾一直是车辆动力学长期研究的课题，径向转向架可有效解决这一矛盾，其不仅有较好的曲线通过性能，同时在直线上也有较高的蛇行稳定性。

迫导向转向架可主动控制轮对在曲线上的位置，具有最佳的径向能力；自导向转向架可通过径向装置将导向轮对趋于曲线径向位置的功能反向作用于后轮对，在曲线半径大于600 m 时也具有较好的曲线调节功能，但在小半径曲线的导向能力不如迫导向转向架。

案例 7　辅助系统稳定性
——弥补团队的薄弱环节，不让一个人掉队

【课程名称】机车车辆工程
【教学内容】内燃机车辅助系统
【案例意义】弥补团队的薄弱环节，强调个体与整体的协同发展，确保团队成员共同进步，不让一个人掉队。

教学过程

1. 问题导入

内燃机车的辅助系统是用来保证内燃机车各主要运动装置和控制设备等稳定运转的各项装置，主要包括：燃油系统、冷却系统、机油系统、空气滤清器、压力空气系统、辅助电气设备，以及改善乘务人员工作条件的各项设备。请学生思考这样一个问题，假如一辆内燃机车因辅助系统出现了故障无法正常运行，是所有的辅助装置全部坏掉了，还是只要一个装置出现问题就导致内燃机车无法运行？今天我们来探讨其中蕴含的道理。

2. 讲授正文

在分析内燃机车各辅助系统的相互关系之前，相信大家都了解木桶定律。木桶定律是讲一只水桶能装多少水取决于它最短的那块木板。一只木桶想盛满水，必须每块木板都一样平

齐且无破损，如果这只桶的木板中有一块不齐或者某块木板下面有破洞，这只桶就无法盛满水。所以一只木桶能盛多少水，并不取决于最长的那块木板，而是取决于最短的那块木板。它也可称为短板效应。任何一个组织或者团队，可能会面临一个共同问题，即构成组织的各个部分往往是优劣不齐的，而劣势部分往往决定整个组织或团队的水平。

内燃机车的辅助系统也遵循着木桶定律。如果我们把内燃机车的各辅助系统看作木桶的各木板，那么最脆弱或者最容易出现故障的部分便决定着内燃机车的状态。只有各系统都正常工作，都满足基本的需求，整个机车才能更好地工作。所以，重点关注脆弱的装置以及薄弱环节，才能确保整个系统正常运行。

如果将一个班级比作内燃机车，每位同学都相当于辅助系统中的一部分。班级中如果有很多拔尖人才或者很多人有突出荣誉，那么班级就会具备很强的竞争力。但是，在评奖评优过程中，有时候不仅仅看突出的个人，还需要看团队所有成员的成果和成绩。比如说有人没通过大学英语四级考试，那么通过率便不是100%；有人有挂科现象，那么挂科率便不会是0。在团队的评奖评优中这些便是一些比较显眼的数据，影响着团队荣誉。突出优势的同时，补齐短板也是重要的一环。所以想要让团队变得更好，发现薄弱环节时要及时弥补，确保不让一个人掉队，这样的团队才会是最棒的团队。

3. 分析总结

我们都是团队中的一员，应该多为团队着想，与团队很好地融合在一起。众人拾柴火焰高，个人的能力再大也要和团队其他成员互相协作，在团队中发挥自己的优势和作用，不能孤立于团队之外。团队遇到困难和问题时，作为团队的一分子应该出自己的一份力，要有团队观念和意识，为团队积极作贡献。在团队中发现了有人掉队或者有掉队的趋势，也要及时地做好解决预案，做好帮扶工作。牢记每位学生都是班级的一员，只有所有人好了，班集体才会更好。

案例 8　我国高速铁路的发展历史
——坚持自主创新

【课程名称】机车车辆工程

【教学内容】我国高速铁路的发展历史

【案例意义】通过介绍高速铁路的初探、中国铁路六次提速、我国高速铁路的发展历程与我国动车组的发展历程，展现自主创新的魅力，鼓励学生坚持自力更生、自主创新。

教学过程

1. 问题导入

介绍我国高速铁路的发展历史。1993 年沈大线拉开了中国铁路提速序幕；1997 年至 2004 年先后实施五次大提速；2007 年实施第六次大提速，时速 250 km 动车组上线运行，既有线提速达到世界最高水平，中国铁路跨入高速时代；2008 年 8 月，我国第一条时速 350 km 京津城际铁路开通运营，作为我国高速铁路标志性、示范性、样板性工程，它是中国铁路发展史上的一个重大里程碑，代表中国高速铁路技术达到世界先进水平。对比中华人民共和国成立初期我国铁路竞争对手林立、后发地位受制于人等窘迫的发展状况，我国高速铁路如何一步步地取得了今天的成就？（第一问）

2. 讲授正文

首先与学生共同回顾高速铁路的初探阶段：①1997 年 1 月以 SS8 电力机车为牵引动力的试验列车在北京环行铁道试验基地，闯过了高速标准线 200 km/h；②1999 年 6 月，首列 200 km/h 电动旅客列车组大白鲨研制成功；③2000 年，根据国际发展潮流，铁道部提出"高速、交传、发展"年；④2001 年，由株洲所完成了交流传动系统核心技术的国产化。

接下来继续提问：中国铁路六次提速分别是指什么？（第二问）与学生共同回顾中国铁路六次提速全过程：①1997 年 4 月，第一次提速，提速主要在京广、京沪、京哈进行，时速超过 160 km 的线路延长为 752 km；②1998 年 10 月，第二次提速，时速超过 160 km 的线路延长为 1104 km；③2000 年 10 月，第三次提速，提速范围主要是陇海、兰新、京九与浙赣线；④2001 年 10 月，第四次提速，提速范围主要是京九线、武昌–成都、京广线南段、浙赣线与哈大线；⑤2004 年 4 月，第五次大提速，推出 416 列城际快速客车，开行 86 列主要中心城市间的动车组快速客车；⑥2007 年 4 月，第六次大面积提速，京哈、京广、京沪、胶济线部分区段时速达到 250 km。我国高速铁路是如何发展的？（第三问）引导学生感受我国高速铁路发展强大的创新驱动力。为满足快速增长的旅客运输需求，2004 年规划了"四纵四横"铁路快速客运通道与三个城际快速客运系统，2016 年规划"八纵八横"高速铁路主要通道。秦沈客运专线是我国第一条实验性的高速铁路，京津城际是我国第一条时速 350 km 的高速铁路，京港高铁是中国最长的高速铁路。

介绍我国动车组发展。与我国高速铁路发展同步，我国动车组经历了探索阶段、引进消化吸收阶段与自主再创新阶段。中国早期动车组在研制方面积累了丰富经验，中国高速铁路起源并不是 2004 年以来的技术引进，中国第一条高铁是 1999 年开工、2003 年建成的秦沈客专，动车组的研制则更早，如"蓝箭""中原之星""中华之星"等。我国动车组发展的历史带来了什么启示？（第四问）2004 年以来的引进技术，让中国高铁汇聚百家，站在巨人肩膀上。但是技术可以引进，能力却引进不来，没有此前几十年的技术积累，即便引进了技术，也只能邯郸学步，难有大的作为。

3. 分析总结

本案例通过回顾高速铁路的初探（第一问）、中国铁路六次提速（第二问）与我国高速铁路的发展历史（第三问），介绍了我国动车组的发展历史，并且探讨了动车组发展历史带来的启示（第四问）。

创新是一个国家、一个民族发展进步的不竭动力。当前，我国发展面临着复杂的内外部环境，在加快构建新发展格局、推动高质量发展的进程中，离不开创新。高速铁路的初探、中国铁路六次提速、我国高速铁路的发展与我国动车组的发展中均有我国的创新成果，它们具有重要意义。作为青年铁路人，要在学习我国高速铁路的发展历史的同时，领略自主创新的魅力，要以时不我待的精神、争分夺秒的行动勇挑重担、奋发拼搏，在自主创新的道路上持续增加发展的科技含量，为全面建设社会主义现代化国家、实现第二个百年奋斗目标作出更大贡献。

案例 9　流线型车体结构

——青年要适应当今时代特征

【课程名称】机车车辆工程

【教学内容】流线型车体结构

【案例意义】通过介绍流线型车体结构的运用工况、气动特性、气动技术、设计要求与设计流程，强调学生要适应当今时代特征，明确学习目标。

教学过程

1. 问题导入

介绍动车组车体的作用与特点。车体是供旅客乘坐的部分，为使旅客在车体高速运行条件下具有较高舒适度，与一般车速车体相比，高速客车首先应具有空气动力性能好的特点。基于上述要求，动车组流线型车体外形设计应考虑哪些因素？（第一问）

2. 讲授正文

首先与学生讨论动车组的运行工况与流线型车体结构设计的相关内容。动车组的运行工况包括明线运行、明线交会、过隧道与隧道内交会以及大风环境下运行等。作用在动车组上的空气动力学的力与力矩包括空气阻力、升力、横向力、纵向摆动（点头）力矩、扭摆（摇头）力矩与侧滚力矩。气动阻力与速度呈平方增长，速度提高，气动阻力激增，是高速列车阻力的主因。升力也与列车速度的平方成正比，正升力使轮轨的接触压力减小，将对列车的牵引与动力学性能产生重要影响。横向力、侧滚力矩与扭摆力矩将影响车辆的倾覆安全性。

接下来继续提问：动车组在不同运行工况下的空气动力学特性如何？（第二问）与学生一起分析动车组明线运行、明线交会、过隧道与隧道内交会以及大风环境下运行时的气动特性，可以发现车体外形的改变可以一定程度地优化动车组气动特性。动车组应用了哪些空气动力学技术？（第三问）引导学生结合车辆的气动特性思考车辆应用的空气动力学技术，包括车头形状、空调换气系统、车内噪声、车体、车底盖板、车窗、天线、受电弓整流罩、转向架上部隔音罩、侧拉门与特高压电缆连接等。以空调换气系统为例，理论上，空调装置与冷却系统进风口应布置在正压较大区域，进风容易；而排风口则应布置在负压较大的顶部与侧面。

从动车组头型系数（长细比）、头部流线化设计、车身外形设计、局部结构设计等不同角度提出流线型车体外形设计要求（图 4-1）。流线形车体外形设计流程是怎样的？（第四问）流线形车体外形设计流程：①基本特征型线、曲面输入；②中间控制型线的自由生成；③三维外形曲面的自动生成；④三维外形曲面质量的评估。

3. 分析总结

本案例通过第一问首先明确了动车组的运行工况与流线型车体结构设计的相关内容，分析了动车组在明线运行、明线交会、过隧道与隧道内交会以及大风环境下运行等不同运行工况下的气动特性（第二问），总结了动车组车辆应用的空气动力学技术（第三问），并且提出

图 4-1　不同流线形外形列车

了流线型车体外形设计要求与流程（第四问）。

随着高速列车运营速度的不断提升，对车体空气动力学性能要求越来越高，流线型车体结构不断适应表面压力分布特征，努力前行以满足越来越高的运用需求。本专业学生作为青年铁路人，要在学习流线型车体结构知识的同时，感受流线型车体结构的"奋斗之道"，要适应当今时代特征与当前国际国内形势，着眼社会主义建设事业的现实需要与长远发展，认真学习科学、文化、法律和业务知识，服务经济社会发展，在学习与实践中掌握从事现代化建设的本领，让青春在全面建设社会主义现代化国家的火热实践中绽放绚丽之花。

案例 10　动车组转向架
——合作共赢

【**课程名称**】机车车辆工程

【**教学内容**】动车组转向架

【**案例意义**】通过介绍客车转向架的发展、动车组转向架的作用与性能、动车组转向架的组成与特性、动车组转向架的设计，培养学生的合作意识，让学生学会互帮互助，实现共赢。

教学过程

1. 问题导入

介绍客车转向架的发展。介绍转向架的起源，转向架（走行部）是支承车体并使之在轨道上运行的装置，是保证列车安全平稳运行的关键部件。分别介绍固定式、导框式、导柱式与转臂式转向架，以及准高速列车、时速 200 km 以上动车组、时速 300 km 以上动车组与和谐号动车组转向架。动车组转向架如何工作？（第一问）

2. 讲授正文

首先与学生讨论动车组转向架的作用与性能，说明转向架的重要性。动车组转向架的作用为传力、承重、转向、缓冲。动车组转向架应具备的性能为可靠性、稳定性、舒适性、安全性。

接下来继续提问：动车组转向架的作用与性能是如何实现的？（第二问）与学生一起分析动车组转向架的组成与特性(图4-2)，引导学生思考转向架各部分的作用。构架是安装各种零部件的载体，承受与传递垂向力、水平力与扭矩等；轮对直接向钢轨传递列车重量的动作用力，通过轮对的回转实现列车在钢轨上的运行；弹簧悬挂装置用来保证一定的轴重分配、缓和轮对冲击作用，是保证车辆运行平稳性等动力学性能的重要装置；牵引装置是车体与转向架的连接装置，用以传递车体与转向架之间的水平力等，同时保证车体与转向架之间回转运动；制动装置是车辆上产生制动作用的零部件组成的一整套机构；辅助装置由横向止挡、撒砂与扫石器、轮缘润滑喷嘴、车轮防滑保护装置、天线与自动过分相感应接收器等组成。

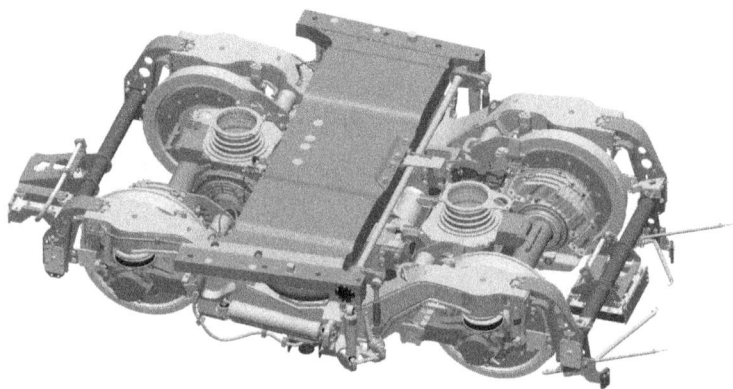

图4-2 转向架组成

如此复杂的动车组转向架是如何设计的？（第三问）转向架设计总体原则：①符合设计任务书要求；②考虑客货不同需求；③零部件尽量通用化、标准化，产品系列化；④积极采用新技术、新材料、新工艺；⑤要求结构简单、运用可靠、检修方便、成本低。转向架设计的具体要求：①具有一定裕度的运行安全性；②具有符合速度要求的运行平稳性；③零部件具有足够的强度与合适的刚度；④具有承载与传递牵引力的能力；⑤轮轨磨耗量小并具有通过曲线的导向能力；⑥尽可能小的簧下质量；⑦在规定的制动距离内安全停车；⑧具有减少噪声、吸收高频振动的能力；⑨尽可能小的摩擦阻力。转向架设计步骤：①调查研究；②方案设计；③技术设计；④工艺设计；⑤试制样品；⑥试验与考核；⑦修改与定型。

3.分析总结

本案例通过第一问首先介绍了动车组转向架的作用与性能，通过分析其实现途径（第二问），明确了动车组转向架的组成与特性，并且总结了动车组转向架的设计（第三问）。

一个人的力量总是有限的，而团队的力量是无穷的。动车组转向架由多个部分组成，动车组安全平稳高速运行是转向架的"团队战"，各组分需要团结合作，这凸显了团队合作的重要性。在处理问题时，需有合作意识，双方甚至多方取长补短、共同进步，才能达到双赢甚至共赢的局面。

案例 11　以人为本
——耐撞性技术守护乘客生命的最后防线

【课程名称】机车车辆工程

【教学内容】动车组车体结构碰撞安全保护技术

【案例意义】案例讲授我国动车组耐撞性技术的发展历程，理解动车组在被动安全上"以人为本"的技术理念，增强学生的责任意识，培养学生一丝不苟的工作作风和钻研精神，以及献身科学和科技强国的信念。

教学过程

1. 问题导入

讲授"第 2 章　动车组车体结构"中的"2.6　动车组车体结构碰撞安全保护技术"时，通过提问和讨论引入中南大学团队如何开展科研攻关研发列车碰撞可控变形吸能技术案例。

· 教师活动：

A. 提问：根据能量守恒定律，动车组一旦发生碰撞，动车组能量是如何耗散的？

B. 提问：动车组在冲击能量耗散过程中，如何才能实现乘员安全保护？

C. 提问：围绕"碰撞事故时乘员安全保护"目标，耐冲击列车设计原则是什么？

D. 提问：我国耐冲击吸能列车发展经历了哪些阶段？

E. 提问：我国"复兴号"高速列车吸能装置是什么？

· 学生活动：回答与讨论。

2. 讲授正文

列车碰撞事故造成的重大人员伤亡触目惊心。如 1997 年 4 月 29 日，我国荣家湾列车追尾碰撞事故，造成 3 节车辆被穿透破坏，126 人罹难、200 多人受伤的严重后果。以人为本，研制耐冲击吸能列车，为乘员提供生命安全保护是客运列车发展永恒的主题。

我国与美、英、法、德等发达国家从 20 世纪 90 年代初均开展列车耐撞性研究，但由于各国对其核心技术均相互保密，加之我国机车车辆结构型式、列车传递纵向力方式与国外相比有显著差别，因此，迫切需要自主创新。

围绕"碰撞事故时乘员安全保护"这一目标，针对列车碰撞事故中传统车辆载人区可能发生的乘员生存空间显著损失，人体伤害程度超限，爬车、穿透破坏、"之"字形脱轨等后继事故，需分别从理论方法、关键技术、车体设计 3 个层次开展研究，解决与车辆结构、列车多车辆耦合相关的生存空间完整、乘员冲击减缓、碰撞失稳控制等关键问题。（图 4-3）

中南大学列车碰撞安全保护技术团队提出碰撞可控变形吸能车辆设计方法，发明碰撞吸能车辆可控塑变力学分区技术及吸能装置，研建国内首套轨道车辆实际车辆碰撞试验装置；提出多车辆耦合碰撞吸能列车设计方法，提出多车辆碰撞动力学与结构塑性大变形耦合求解模型，发明吸能客运列车编组及连接技术，为预防车辆间耦合互撞导致的穿透破坏、爬车、"之"字形脱轨等后继事故的发生提供技术支撑；提出多参数融合的列车碰撞阈值结构控制方

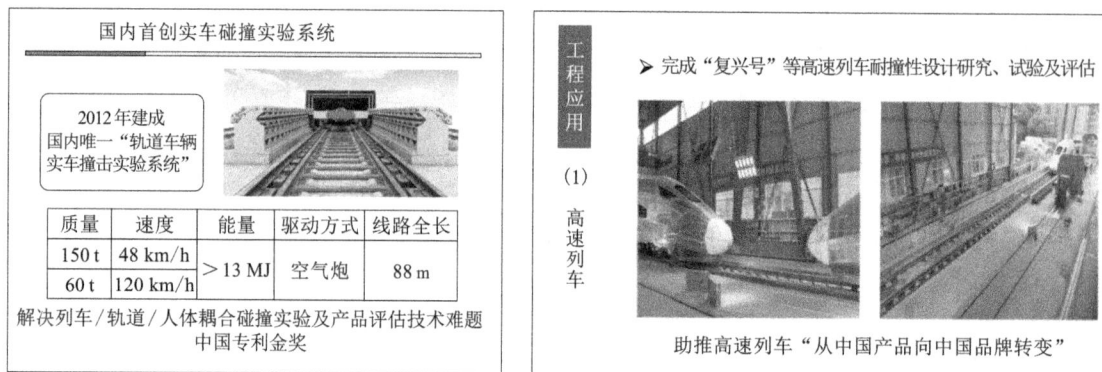

图 4-3　轨道车辆实车碰撞试验台及复兴号碰撞试验

法，实现了在正常运行时吸能列车具有足够的强度、刚度传递纵向力，在发生碰撞时能迅速产生可控塑性大变形吸收能量，保护乘员生命安全。

列车碰撞可控变形吸能技术已广泛应用于出口耐冲击吸能列车、国内城市轨道车辆、高速动车组的耐冲击吸能车体的研制。形成的具有完全自主知识产权的列车碰撞可控变形吸能技术，有效降低了乘员面临的生命威胁，显著提高了轨道交通载运工具碰撞安全性，提升了国内机车车辆产品的国际竞争力，有力地推动了轨道交通装备行业的科技进步，发展了列车多体耦合撞击动力学。

中南大学列车碰撞安全保护技术团队成果被《中国知识产权报》、新华社、CCTV、《光明日报》、探索频道等知名媒体竞相采访、广泛报道，反响热烈。

3.分析总结

通过介绍我国耐撞性吸能列车的发展历程和列车碰撞安全保护技术最新研究成果，将思政教育与专业知识有机结合，培育学生的科学探索精神。科学研究要以国内需求为导向，立足自主创新，通过攻克关键技术难题，实现科技自立自强。引导学生发挥聪明才智，献身科学，实现科技强国梦。

案例 12　地铁、轻轨车辆
——培养吃苦耐劳、坚守奉献与科学严谨的精神

【课程名称】机车车辆工程

【教学内容】动车组与城市轨道车辆

【案例意义】通过高速地铁列车隧道气动压力试验与仿真数据的处理，引入我国高速地铁快速发展背后中南科研团队坚守奉献的案例，培养学生吃苦耐劳、科学严谨的态度，并通过与国外地铁列车的现状对比，体现我国社会主义建设的伟大成就与体制优势。

教学过程

1. 问题导入

引导学生谈一谈对自己所在城市地铁的印象，并在讲授地铁车辆类型时，引入 D 型新式地铁车辆，结合教师所在课题组参与的国内最快地铁车辆隧道压力波测试项目——广州 18 号线时速 160 km 地铁，让学生了解地铁相关试验的艰苦与意义，用实拍现场作业照片和广州 18 号线地铁照片，展现我国地铁建设领先国际的实际情况，并对比国内外地铁现状，引导学生转变思想观念，不要盲目崇拜国外。

2. 讲授正文

（1）城市轨道车辆类型

依据是所选用列车的规格。按照国际标准，城市轨道交通列车可分为 A、B、C 三种型号，分别对应 3 m、2.8 m、2.6 m 的列车宽度。凡是选用 A 型或 B 型列车的轨道交通线路称为地铁，采用 5~8 节编组列车。选用 C 型列车的轨道交通线路称为轻轨（上海轨道交通 8 号线除外），采用 2~4 节编组列车。列车的车型和编组决定了车轴重量和站台长度。

目前我国还研制了 D 型城市轨道交通列车，用于地铁、市域快线等，其列车宽度为 3.3 m，采用 4~8 节编组，速度可达 160 km/h。事实上，D 型车与铁路上车辆规格基本一致。

（2）各类车型的主要技术规格

介绍现有城市轨道交通标准规范中定义的各型车辆的规格。

序号	项目名称		A 型车 四轴车	B 型车 四轴车	C 型车 四轴车	D 型车 四轴车
1	车辆长度/m		22	19	18.9	22
2	车辆宽度/m		3.0	2.8	2.6	3.3
3	车辆高度/m	受流器车(有空调/无空调)	3.8/3.6	3.8/3.6	3.7/3.25	4.12
		受电弓车(落弓高度)	3.8	3.8	3.7	4.64
4	车厢内净高/m		2.1~2.15			2.1
5	地板面高/m		1.1	1.10	0.95	1.26/1.28
6	车辆定距/m		15.7	12.6	11	15.7
7	固定轴距/m		2.5	2.2	2.0	2.5
8	轮径(新轮)/mm		ϕ840	ϕ840	ϕ760	ϕ840
9	轴重/t		≤16	≤14	≤11	≤17
10	空车重量	带司机室的端车	36	33~36(视车体的材料不同)	33	—
		无司机室的中间车	38		36	—
12	最高运行速度/(km·h⁻¹)		100	100	100	160

（3）各类车型主要使用路线

该部分在原有教学内容基础上，添加 D 型城轨车辆的介绍及应用城市地铁线路。其中，在讲到广州 18 号线时，展开介绍高速列车研究中心在其中遇到的新隧道空气动力学压力测试问题，强调科研人员为获取现场宝贵一手数据，"艰苦奋斗、与时间赛跑、精益求精"的科研精神；引入现场作业照片，启发学生思考地铁车辆提速至 160 km/h 的现实工程问题，以及地铁运营相关知识，让学生了解日常乘坐的地铁的背后工作；再对比国外地铁现状，展现我国社会主义制度优越性，以及党和国家对人民交通和"交通强国"重视，引导学生思维从"仰视西方"到正视西方。（图 4-4）

- D型车应用在温州轨道交通S1线、温州轨道交通S2线；北京地铁大兴机场线、北京地铁22号线；南京地铁S4号线（滁宁城际铁路）；重庆轨道交通15号线、重庆轨道交通27号线；台州市域铁路S1线、台州市域铁路S2线；广州地铁18号线、广州地铁22号线
- 广州地铁18号线、广州地铁22号线

4-4　D 型地铁列车案例教学

3. 分析总结

我国城市化进程越来越快，城市轨道交通发展迅速。如在课堂上仅讲授城轨列车类型，会使课堂过于枯燥，直接插入课程思政教育则过于直接，可以结合课程内容与教师现场测试案例，以"讲故事"的方式介绍我国轨道交通快速发展背后铁路人以及中南人的坚守与奉献，将课程文字内容与实际情况相结合，对学生开展"艰苦奋斗"精神的教育。同时通过实拍照片与国外地铁对比，体现我国制度的优越和"交通强国"的决心，引导年轻学生"月亮总是外国圆"的不客观思维。

案例 13　轨道车辆空调系统
——主动思考，学以致用

【课程名称】机车车辆工程

【教学内容】轨道车辆空调系统

【案例意义】轨道交通载具作为城市公共交通系统中最主要的部分，如何有效地运用以及在面对突发性公共事件的处理能力，成为轨道车辆运用工程的主要研究方向。在讲授的过程中，不仅仅只讲述基础课程知识，同时也讲述我国为轨道车辆发展作出贡献的相关人物的事迹与其身案例，以及我国轨道交通的建立与发展等。通过一系列的潜移默化的影响，激发学生的爱国情怀、增强学生的民族自信与文化自信通过树立起良好的榜样，培养学生吃苦耐劳、不怕困难、勇于奋斗的时代精神。

教学过程

1. 问题导入

向学生阐述我国投入了大量的资金用于研究如何保障广大人民群众基本生活,在不影响人民群众正常交通出行的前提下,同时保障广大人民群众的生命健康与生命安全。坚持一切为了人民,一切为人民群众的健康着想,一切从人民群众的切实利益出发,彰显了咱们国家为人民服务的精神,以此培养学生们的爱国精神。

2. 讲授正文

向学生介绍完当前我国宏观背景条件后再从专业出发,介绍轨道车辆运用工程专业重大突发公共卫生事件防控中机车车辆空调系统-病原体飞沫试验的前沿科研技术成果以及实践现状与最新动态。基于生动的真实案例,向学生介绍并讲解任课教师所在科研团队开展的轨道车辆空调系统-病原体飞沫试验研究情况,将思政教育融入课堂教学中,强调充分发挥个体的主观能动性,培养学生不畏艰苦、敢于创新的时代精神。轨道车辆内部是一个封闭的环境,有利于病毒的传播,公共轨道交通系统所面临的挑战是巨大的,如何在现有的设备基础上,通过改良轨道车辆空调系统的送风模式来达到抑制病毒传播的目的,这是一个值得深入探索的研究方向,轨道车辆客室内的流场与病原体飞沫运动构成一个多相流动、多物理场耦合、多空间尺度的复杂问题;传统的、单一的科研手段难以准确解析病原体飞沫在轨道车辆客室内的传播与扩散过程,通过研究改进对轨道车辆空调系统送风回风模式的运用,制定适用于轨道车辆的呼吸道传染病防控手段,可以抑制疫情传播扩散。

同时介绍教师团队中教师与研究生所参与的多项试验过程,向学生指出当前试验的关键技术、困难之处、需要突破之处。鼓励在座的同学思考与学习,大胆地提出新的假设、想法,勇于提出已有试验方案中有问题的方面或需要补充完整的方面,博采众长、集思广益,让学生用辩证唯物主义的学习方法去学习去开创,鼓励他们不畏辛苦、迎难而上,强调开展科学研究需要开阔思维,放宽视野才能独辟蹊径,碰撞出新的科研火花,应对更为复杂的工程问题和科学问题,在学习的同时弘扬民族自豪感与爱国主义情怀。

在整个课程的学习过程中,基于学生学习过的专业基础知识,布置相应的课后作业,让学生分小组进行讨论与研究,着重培养学生对轨道车辆运用工程专业未来发展的思考,教学始终围绕学生已掌握的知识点,引导学生主动思考,用探究、讨论等不同方法在头脑中主动构建新的知识点,培养分析问题、解决问题的能力和创造性思维,增强学生的道德责任感与社会责任感,提高教学效果;任课教师及时总结学习成果,落实立德树人这一基本任务,实现思政教育与轨道车辆工程设计教学的有效融合。

3. 分析总结

通过案例教学与课堂讨论,充分挖掘专业课程中的思政元素,使当代大学生树立正确的价值观;让学生了解到在面对社会突发公共事件时国家的处理能力与解决能力,是大国智慧与大国实力的体现,培养学生的爱国主义精神与民族认同、政治认同、价值认同,鼓励学生发挥主观能动性,进一步开阔视野并提升辨别能力,为将来走进社会、报效国家打下基础。

教学模式:注重由浅入深,强化教学层次。(图4-5)

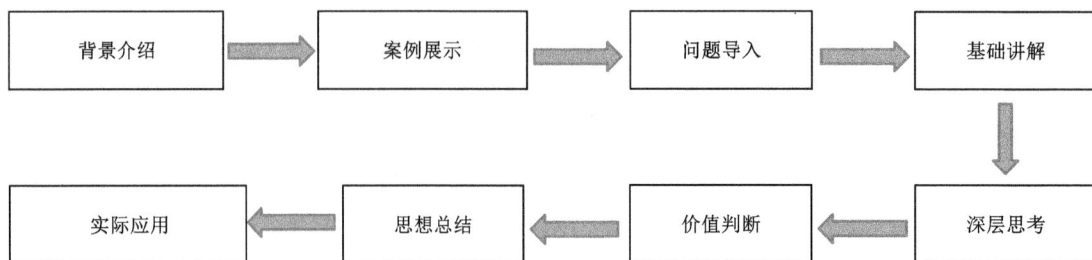

4-5   本节教学线路

从相关案例出发，发散知识点，采用由浅入深的螺旋下沉模式，在教学过程中以潜移默化的形式进行思想教育，不刻板、不生硬、不突兀，将专业知识教育与思政教育相结合，达到促进学生综合素质全面发展的目的。

5

列车牵引与制动

序号	教学内容	思政映射与融入点	编者
1	知识点：列车牵引制动装置的作用	案例1：列车牵引制动装置的作用——培养主观能动性	谢素超
2	知识点：列车的制动方式与性能分析	案例2：中国高速列车的制动技术——科技自信与国家自豪感	谢素超
3	知识点：列车制动的意义	案例3：制动的重要性——安全无小事，预防胜于补救	张书增，汪旭
4	知识点：列车节能方案	案例4：列车运行能耗计算和分析——学好专业知识，做好节能这件小事	张书增，汪旭
5	知识点：机车牵引力	案例5：牵引力的应用——生活无难事，只要肯用心	张书增

案例1 列车牵引制动装置的作用
——培养主观能动性

【课程名称】列车牵引与制动

【教学内容】列车牵引制动装置的作用

【案例意义】以列车牵引制动装置的作用为切入点，强调主观能动性作为大学生成长的重要动力的重要性，激励学生主动学习和创新，成为新时代社会发展的有力推手。这个案例不仅帮助学生理解列车牵引制动装置的作用，还激发了他们的主观能动性，鼓励他们在学习和生活中积极挖掘自己的潜力，实现自己的人生价值。强调几个重要的概念：预见性、创造性、目的性和计划性，它们对学生未来的学习和工作都具有重要的指导意义。通过这个案例，学生可以更好地理解这些概念，并在实践中应用它们，从而提高自己的学习效果和职业能力。鼓励学生在德、智、体诸方面全面发展，为将来建设祖国打下良好基础。这符合当代青年发展的要求,也符合国家对高素质人才的培养目标。

教学过程

1.问题导入

从大学生的主观能动性入手。以列车牵引制动装置的作用为切入点,引导学生思考为什么列车的制动过程需要依靠外力来实现,而人的成长和发展则需要依靠自身的内在动力和主观能动性。通过对列车牵引制动装置的讲解,引出主观能动性的概念和重要性,并引导学生思考如何在学习和生活中发挥主观能动性,实现自我价值和人生目标。

2.讲授正文

在当今时代,随着科技的不断进步和社会的快速发展,人们的生活节奏越来越快,对交通工具的需求也越来越高。列车作为现代交通工具之一,其牵引制动装置的作用显得尤为重要。然后引出大学生的主观能动性,鼓励学生在德、智、体诸方面全面发展。

今天,我们来探讨一下"列车牵引制动装置的作用"这一话题。列车牵引装置的作用是产生足够的牵引力,以克服列车阻力,实现列车的启动、加速、匀速和减速。同时,它还需要控制列车的制动系统,以便在需要时对列车进行制动,保证列车的安全和稳定运行。列车制动装置是高铁列车制动系统的一部分,主要包括制动阀、制动缸、制动管路和刹车片等部件。它的作用是通过对列车管路施加压力或者排放压力来控制列车的制动和缓解,从而确保列车的安全和稳定运行。列车制动装置在高铁列车组成中占据了相当重要的地位。以中国高速铁路为例,其列车制动装置多采用电气指令式制动系统,这种制动系统具有高效、稳定、可靠等优点,是现代高铁列车不可或缺的重要设备之一。

列车牵引装置通常由电动机、传动装置和车轮等组成。电动机产生电能,通过传动装置将电能转化为机械能,再传递给车轮,从而产生牵引力。列车制动装置则是由制动器、传动装置和制动控制单元等组成,通过制动器对车轮施加制动力,实现列车的减速和停车。列车制动装置是保证列车安全行驶的重要设备,它能够使列车在行驶过程中减速或停止,从而避免事故的发生。然而,列车制动装置仅仅是一种机械装置,它只能依靠外力来实现制动效果。与此不同的是,作为人类,我们拥有主观能动性,这是我们与机器的根本区别。

主观能动性是人类特有的品质,体现在预见性、创造性、目的性和计划性上。这些品质使我们能够主动调整自己的行为,而不是被动地接受外部环境的刺激。在我们的学习生活中,这些品质是必不可少的。例如,在学习中,我们需要发挥预见性,提前做好预习计划;在解决问题时,我们需要发挥创造性,寻找新的解决方案;在达成目标时,我们需要发挥目的性,坚定自己的信念;在完成任务时,我们需要发挥计划性,确保工作的顺利进行。

发挥主观能动性的好处是显而易见的。首先,它能够帮助我们更好地适应各种环境,更好地完成各种任务。其次,它能够激发我们的潜能,让我们在各个方面都得到提升。最后,它能够帮助我们成为更好的人,更有担当,更有作为。

作为当代青年,我们应该珍惜青春年华,充分发挥主观能动性,在德、智、体诸方面都应得到全面的发展。所谓"德",就是要有正确的世界观、人生观和价值观;所谓"智",就是要有广博的知识和技能;所谓"体",就是要有健康的体魄和心理素质。只有在这三个方面都得到发展,才能更好地为将来的事业和生活打下坚实的基础。在德育方面,要树立正确的世界观、人生观和价值观，培养高尚的道德品质和良好的行为习惯；在智育方面，要掌握扎实的基础知识和专业知识，具备创新意识和创新能力；在体育方面，要注重体育锻炼和身体健康，培养坚韧不拔的意志和良好的身体素质。

在培养主观能动性的过程中，首先，我们应该注重实践和创新。实践是检验真理的唯一标准，只有通过实践才能更好地掌握知识和技能；创新是一个民族进步的灵魂，只有不断创新才能在这个竞争激烈的时代立于不败之地。

此外，我们还要学会与人合作、交流和表达。在团队中，合作是必不可少的，我们需要学会与人沟通交流、分享经验和思想；同时，清晰明确地表达自己的观点和想法也是非常重要的。

最后，我们还要关注自我提升和终身学习。随着科技的不断发展和社会的不断进步，我们需要不断学习新知识、新技能来适应时代的变化；同时，我们还要注重自我提升和完善自己的素质和能力。

总之，作为当代青年，我们应该充分发挥主观能动性，在德、智、体诸方面得到全面的发展，努力成为新时代的佼佼者，为将来的事业和生活打下坚实的基础，为祖国的繁荣和富强贡献自己的力量。

3. 分析总结

以列车牵引制动装置的作用为切入点引出大学生的主观能动性的重要性，鼓励学生在德、智、体诸方面全面发展。在这个过程中，注重培养学生的思维能力、判断能力和创新意识，同时也需要注重实践和创新，让学生通过实践去探索和解决问题。最后，注重培养学生的决心、意志和干劲，帮助他们克服困难和挑战，从而取得更好的成绩并得到发展。

案例2　中国高速列车的制动技术
——科技自信与国家自豪感

【课程名称】列车牵引与制动
【教学内容】列车的制动方式与性能分析
【案例意义】中国高速列车的制动技术是中华民族科技进步的典范之一。随着国家科技实力的不断提升，中国高速列车的制动技术也在不断突破。"复兴号"高速列车采用了先进的制动系统，其制动方式包括盘式制动、轨道涡流制动、旋转涡流制动等。这些制动方式能够有效地将列车速度降下来，确保列车的安全性和稳定性。同时，"复兴号"高速列车的制动系统还采用了智能化的控制方式，能够根据列车的行驶状态和环境因素进行自动调节，提高了列车的制动性能和安全性。通过该案例不仅可以让学生感受到国家在科技领域的进步和强大，从而激发学生的爱国热情和自豪感，也可以让学生意识到在科技发展中，国家的崛起和强大离不开每一名科技工作者的努力和奉献，从而引导学生树立正确的价值观，培养他们的社会责任感和奉献精神。

教学过程

1. 问题导入

以我国高速列车的发展现状为切入点，以"复兴号"列车使用的先进制动方式为例，引导学生思考我国高速列车制动技术的特点和发展趋势。

2. 讲授正文

首先，高速列车的制动技术是确保列车安全性和稳定性的关键因素之一。随着高速铁路的快速发展，高速列车的制动技术也在不断升级和改进。高速列车的制动技术对于列车运行的安全性至关重要。在高速行驶过程中，列车需要迅速减速以避免事故，因此制动系统必须能够迅速地将列车速度降下来。同时，制动系统还需要具备稳定性和可靠性，以确保列车在高速行驶过程中的安全性和稳定性。

其次，高速列车的制动技术也是提高列车运行效率的关键因素之一。在列车运行过程中，制动系统能够根据列车的行驶状态和环境因素进行自动调节，从而提高列车的制动性能和安全性。这不仅可以减少列车在行驶过程中的能源消耗，还可以提高列车的运行效率，为旅客提供更好的旅行体验。高速列车的制动技术更是一个国家的科技实力和创新能力的具体体现。

今天，我想和大家分享一个案例，这是我们国家在科技领域取得的一项伟大成就——"复兴号"高速列车。"复兴号"高速列车不仅是我国自主研发的重要铁路运输装备，也是中华民族科技进步的典范之一。通过这个案例，我们不仅可以了解中国高速列车的制动技术，更可以感受到国家在科技领域的进步和强大，激发我们的爱国热情和自豪感。

首先，让我们来了解一下"复兴号"高速列车的制动系统。"复兴号"高速列车采用了先进的制动系统，其制动方式包括盘式制动、轨道涡流制动、旋转涡流制动等。这些制动方式能够有效地将列车速度降下来，确保列车的安全性和稳定性。其中，盘式制动是"复兴号"高速列车的主要制动方式之一，它利用摩擦原理，能够提供稳定的制动力，同时具有较高的热容量和可靠性。轨道涡流制动则利用电磁原理，在列车行驶时产生涡流效应，从而产生制动力。它具有较高的制动功率和响应速度，能够有效地缩短列车的制动距离。旋转涡流制动是一种新型制动方式，它利用旋转涡流原理，在列车车轮上产生磁场，从而产生制动力。它具有较高的制动功率和响应速度，能够在短时间内将列车速度降下来。

接下来，让我们通过一个具体的案例来展示"复兴号"高速列车制动技术的先进性和可靠性。在某次试验中，"复兴号"列车以 350 km/h 的速度行驶，突然遇到紧急情况，需要迅速减速。制动系统立即启动，三种制动方式同时发挥作用。在极短的时间内，列车的速度迅速降下来，确保了列车的安全。这个案例充分展示了"复兴号"高速列车制动技术的先进性和可靠性。它不仅体现了我国在高速列车技术领域的创新能力，也体现了我们国家在科技领域的强大实力。

通过这个案例，我们可以深刻感受到国家在科技领域的进步和强大。"复兴号"高速列车的成功研发和运营，不仅提高了我国高速铁路的技术水平，也展示了我国在科技创新方面的能力和实力。这是中华民族科技进步的典范之一，也是我们国家在科技领域取得的一项伟大成就。作为中国人，我们理应为此感到自豪和骄傲。

首先，"复兴号"高速列车制动系统的例子提醒我们要珍惜当下的学习机会。科技的发展离不开人才的培养。正是一代又一代的科技工作者不懈努力、刻苦钻研，才有了今天中国在科技领域的辉煌成就。作为学生，我们要珍惜当下的学习机会，努力掌握知识、提高能力，为将来投身科技事业、为国家的发展贡献自己的力量打基础。

此外，我们更要有创新意识、创新精神和创新能力。"复兴号"高速列车的成功研发离不开创新。正是科技工作者们敢于创新、勇于突破的精神，才有了今天中国高速铁路的辉煌成就。作为未来的建设者和接班人，我们要具备创新意识、创新精神和创新能力，才能在激烈的竞争中立于不败之地。

最后，这个案例还教育我们要有社会责任感和奉献精神。作为未来的建设者和接班人，我们要有强烈的社会责任感和奉献精神。只有将自己的命运与国家和人民的命运紧密相连，才能真正实现自己的人生价值和社会价值。我们要以科技工作者们为榜样，努力学习知识，提高能力，报效祖国。

同学们，"复兴号"高速列车的制动系统案例不仅让我们了解了高速列车的制动技术，感受到了国家在科技领域的进步和强大，更激发了我们的爱国热情和自豪感。我们应以此为契机，努力学习、勇攀高峰。

3. 分析总结

提到高速列车，我们第一时间想到的往往是高速列车的速度快以及稳定性好，但是高速列车在遇到突发状况时的制动性能往往不是大家重点关注的内容。

通过介绍中国高速列车"复兴号"的制动技术，不仅可以让学生了解到相关科技知识，还可以增强学生的爱国热情和自豪感，引导学生树立正确的价值观，培养他们的社会责任感和奉献精神，以及增强学生的民族自信心和自豪感。这些思政教育目标与科技教育目标相互融合，可以更好地促进学生全面发展。

案例 3　制动的重要性
——安全无小事，预防胜于补救

【课程名称】列车牵引与制动
【教学内容】列车制动的意义
【案例意义】列车制动系统是铁路运输的最后一道防线，通过引入案例分析其技术关键性和事故预防意义，强调"细节决定成败"的安全观念，同时激发学生对铁路运输安全的责任感与技术改进的使命感。

教学过程

1. 问题导入

本课程的教学内容聚焦列车制动系统的重要性及其在铁路运输安全中的关键作用。学生将学习列车制动的基本概念、制动方式的分类、制动系统的组成及工作原理，以及制动计算和制动性能试验等。通过学习本课程，学生将能够理解列车制动系统的复杂性，掌握制动系统设计和运行维护的基本知识，为未来的铁路运输安全贡献。通过展示中国高速铁路的快速发展视频，引入列车制动在高速运行中的重要性。接下来提出问题：为什么列车制动对于铁路运输安全至关重要？在高速运行中，制动系统面临哪些挑战？引导学生分组讨论，尝试从安全性、技术挑战和社会责任等方面提出见解。

2. 讲授正文

讲解制动系统的组成及工作原理：①制动控制系统，讲解制动控制系统的作用，包括制动指令的传递、制动缸的压力控制等；②基础制动装置，介绍基础制动装置的组成，如制动盘、闸片、制动夹钳等，以及它们在制动过程中的作用；③安全链，讲解安全链的重要性，在列车制动系统中，安全链的设计增加了系统的冗余性，这意味着即使制动系统的某个环节出现问题，安全链的存在使得整个系统仍然能够保持一定的制动能力，从而提高了列车运行的安全性。

引入一起因列车制动问题引起的事故。2009 年 6 月 29 日凌晨 2 点 40 分，在湖南省郴州市京广铁路郴州站，发生了一起严重的列车相撞事故。一辆由长沙开往深圳的 K9017 次列车在郴州站第五道计划停车时，突然发现列车制动失效，怎么都停不下来，导致冲出站台挤坏了 118 号道岔，并以 55 km 的时速撞向了由铜仁开往深圳正在出站的 K9063 次列车。只见 K9017 次列车侧向冲向了 K9063 次列车的前端，导致 K9063 次列车的第 1、2 节车厢和 K9017 次列车的第 1 到 5 节车厢脱轨。事故最终造成 3 人死亡、63 人受伤。

这是一起因列车制动失效引发的事故，也许同学们认为这是很早以前的事情，而现在的制动系统有了很大的完善，不会出现类似的事故了。如果这么想，那就错了。再来看另外一起事故。

台湾省联合新闻网 2024 年 11 月 24 日报道，台铁一列 EMU3000 型"新自强号"列车于 11 月 2 日原定在海端站与 401 次列车交会，却发生列车司机欲刹车却"刹不住"，不但空转滑行逾 2 km 还挤坏转辙器的事故。台铁公司回应，EMU3000 型相关刹车系统均符合规定，此次出现滑走事故后，已提出 4 项改善措施确保行车安全。联合新闻网称，这并非 EMU3000 型第一次发生这样的情况，2023 年也曾发生类似事件，导致列车进站冲出月台，被外界质疑该车型有问题。

制动系统在铁路运输中发挥着举足轻重的作用，它不仅是确保列车安全运行的重要保障，也是提高运输效率的关键因素。随着技术的不断发展，我们有理由相信，未来的制动系统将更加智能、高效，为铁路运输的发展提供有力支持。但是，我们也要清楚地认识到，即使我们在制动方面取得了很大的进展，列车在运行前也经过了仔细的检验，但是安全无小事，一旦一个小的环节出现问题，有可能引起整个制动系统失效，而在列车运行过程中，尤其是高速铁路的运行过程中，出现制动故障将会引起严重的后果。所以，应认真对待每一件小事，发现问题并及时解决，做到及时刹车，避免小问题酿成大事故。

3. 分析总结

列车制动系统是确保铁路运输安全的关键技术之一。通过深入学习列车制动的原理和应用，学生不仅能够提升专业技能，还能够增强对铁路运输安全重要性的认识，培养社会责任感和工程伦理。此外，本课程还将结合中国高速铁路的发展，让学生了解国家在铁路技术领域的进步，增强国家自豪感和民族自信心。

案例4 列车运行能耗计算和分析
——学好专业知识，做好节能这件小事

【课程名称】列车牵引与制动
【教学内容】列车节能方案
【案例意义】借助列车能耗计算案例，培养学生系统分析问题的能力，增强节能减排意识，激励学生通过学习专业知识为实现"双碳"目标贡献力量。

教学过程

1.问题导入

同学们，现在给出了线路纵断面，给出了机车和牵引重量，那么接下来我们要计算列车从 A 站运行至 B 站的能耗。在这个过程中，需要大家合理选择运行速度，同时考虑运行效率和节约能耗两个方面。也许大家对本题中节能的概念不是那么了解，我讲一组长沙地铁1号线的能耗数据。地铁1号线每年列车运行耗电费用是1亿元，这是什么概念？如果我们能通过节能计算，提出一个方法使能耗降低5%，那么一年的能耗也节约500万元。所以通过合理规划运行做到节能，是一件很有意义的事。

2.讲授正文

我们为什么要计算能耗？"双碳"是我国提出的两个阶段碳减排奋斗目标：二氧化碳排放力争于2030年前达到峰值；努力争取2060年前实现碳中和。事实上，"双碳"目标一方面正在重塑人们的生活，另一方面也在创造着新的经济增长点。无纸化入住、线上缴费等，这些日常的场景正在悄然塑造着人们的绿色生活方式。微小的节能积少成多，也会带来明显的减碳效果。有调查显示，近5年来，在生活消费、线上购票和在线医疗3类微信等支付应用场景下，用户通过节约纸张产生的碳减排总量为18.82万 t，通过线上生活缴费减少出行的减碳量合计为334.61万 t。

2022年5月，教育部印发的《加强碳达峰碳中和高等教育人才培养体系建设工作方案》提出，要在储能和氢能、碳捕集、利用与封存、碳金融和碳交易等领域培养紧缺人才。这也是我国首次将"双碳"目标与高等教育人才培养挂钩。那么"双碳"目标对我们轨道交通人才有哪些要求呢？

节约能源在国民经济发展中有着重要的战略意义，必须坚持"能源节约与开发并举，把节约能源放在首位"的指导思想。城市轨道交通中配置了大量的设备系统，其中行车类的设备系统是必不可少的(如车辆、供电、信号、通信等)，但有一部分是为了方便旅客，以更好提高服务水平的辅助设备系统(如扶梯/电梯、通风空调、照明等)，而在辅助系统中能耗较大的是通风空调系统。随着开通线路的不断增加，节能工作就显得尤为重要。通过 LED 照明和通风空调节能改造等措施，推动"节约型地铁"建设。或许这些离我们还有点远，但今天我们可以通过运行速度调节这些专业知识来实现节能的方案。

首先考虑通过线路设计优化，优化线路节能坡。地铁线路理想的纵断面是将车站设在纵

断面的凸形坡段上，使列车进站时上坡，将动能转化为势能，列车出站时下坡，再将势能转化为动能，这样有利于减少能量消耗，达到节能的目的。其次，行车组织方面，针对客流特点，特别是在客流量不是很大的情况下，非高峰时间将减少每趟列车数量，每趟以三辆车编组运行，增加行车密度。这样不但提高了服务水平，而且减少空跑浪费能源。最后，需要我们通过规划列车运行速度，合理选择惰性点来达到节能的目的。大家可以通过规划不同的行车方案，计算能耗来达到节能的目的。请大家根据自己的能耗计算情况，提出合理的节能方案。

3. 分析总结

同学们，节能减排、"双碳"目标已成为当前我国的一个重要战略。通过今天的学习，一方面，希望大家全面了解现有节能环保的国内法律法规，了解这些法律法规在实践中的困难所在，在此基础上深入学习掌握现行法律法规在实践中的成功经验和失败教训，力争在节能环保立法方面作出积极贡献。另一方面，在专业学习和今后工作中，你们将是为轨道交通行业作出决策，乃至切实做好节能减排方案的主力军。通过今天政策的解读和专业知识的学习，希望大家都能了解任务的艰巨和自己身上的重任，从身边的事情做起，为"双碳"目标贡献自己的一份力量。

案例 5　牵引力的应用
——生活无难事，只要肯用心

【课程名称】列车牵引与制动
【教学内容】机车牵引力
【案例意义】通过牵引力计算和詹天佑修筑京张铁路的事迹，激励学生发扬不怕困难、勇于创新的精神，扎实掌握专业知识，为交通强国贡献智慧与力量。

教学过程

1. 问题导入

在给定的线路上，在每一个线路区间内均可通过计算牵引重量和校验牵引重量，确定该区间内最大的牵引重量。由于每一区间的限制条件不同，所得到的牵引重量也不尽相同，那么如何选择和确定合适的牵引定数，既可以满足机车牵引能力的基本要求，又可以最大限度的发挥铁路运输优势，提高经济效益呢？我们通过今天的案例来理解牵引定数的确定方法，并请大家发散思维想出解决问题的方法。

2. 讲授正文

确定牵引定数的过程主要包括：①分析线路纵断面图，确定限制坡度等限制因素；②根据各区间的限制坡道和给定的牵引动力，计算各区间相应的牵引重量；③统一牵引重量，即确定牵引定数。因为各区间内的牵引重量不一致，如果选择小的作为牵引定数，则会导致线路运力太低，经济效益差；如果选择大的作为牵引定数，部分路段可能由于牵引能力不足而出现坡停事故等。那么究竟如何选择牵引定数呢？

请大家谈谈自己的看法。

在讲解当前一些方法之前，我们先来了解一下"中国铁路之父"詹天佑的故事。

大家都知道詹天佑主持修建了京张铁路，也了解"人"字形的设计。但是其中的难处大家是否了解，能否体会呢？1905年，清政府决定兴建我国第一条铁路京张铁路（北京至张家口）。英俄都想插手，由于中国人民的强烈反对，他们的企图没能得逞。英俄使臣以威胁的口吻说："如果京张铁路由中国工程师自己建造，那么与英俄两国无关。"他们原以为这么一来，中国就无法建造这条铁路了。在这关键时刻，詹天佑毫不犹豫地接下了这个艰巨的任务，全权负责京张铁路的修筑。当时外国人讲："中国人想不靠外国人自己修铁路，就算不是梦想，至少也得五十年。"他们甚至攻击詹天佑担任总办兼总工程师是"狂妄自大""不自量力"。詹天佑顶着压力，坚持不任用一个外国工程师，并表示："中国地大物博，而于一路之工必须借重外人，我以为耻！"

1905年8月，京张铁路正式开工，紧张的勘探、选线工作开始了。詹天佑带着测量队，身背仪器，日夜奔波在崎岖的山岭上。一天傍晚，猛烈的西北风卷着沙石在八达岭一带呼啸怒吼，刮得人睁不开眼睛，测量队急着结束工作，填个测得的数字，就从岩壁上爬下来。詹天佑接过本子，一边翻看填写的数字，一边疑惑地问："数据准确吗？""差不多。"测量队员回答说。詹天佑严肃地说："技术的第一个要求是精密，不能有一点模糊和轻率，'大概''差不多'这类说法不应该出于工程人员之口。"接着，他背起仪器，冒着风沙，重新吃力地攀到岩壁上，认真地复勘了一遍，修正了其中的误差。当他下来时，嘴唇也冻青了。

不久，勘探和施工进入最困难的阶段。在八达岭、青龙桥一带，山峦重叠，陡壁悬岩，要开4条隧道，其中最长的达1000多米。詹天佑经过精确测量计算，决定采取分段施工法：从山的南北两端同时对凿，并在山的中段开一口大井，在井中再向南北两端对凿。这样既保证了施工质量，又加快了工程进度。凿洞时，大量的石块全靠人工一锹锹地挖，涌出的泉水要一担担地挑出来，身为总工程师的詹天佑毫无架子，与工人同挖石、同挑水，一身污泥一脸汗。他还鼓舞大家说："京张铁路是我们用自己的人、自己的钱修建的第一条铁路，全世界的眼睛都在望着我们，必须成功！"

为了克服陡坡行车的困难，保证火车安全爬上八达岭，詹天佑独具匠心，创造性地运用"折返线"原理，在山多坡陡的青龙桥地段设计了一段"人"字形线路，从而减少了隧道的开挖，降低了坡度。列车开到这里，配合两台大马力机车，一拉一推，保证列车安全上坡。

詹天佑对全线工程曾提出"花钱少，质量好，完工快"三项要求。京张铁路经过工人们艰苦奋斗，终于在1909年9月全线通车。原计划6年完成，结果只用了4年就提前完工，工程费用只及外国人估价的五分之一。一些欧美工程师乘车参观后啧啧称道，赞誉詹天佑了不起。詹天佑却谦虚地说："这是京张铁路一万多员工的力量，不是我个人的功劳，光荣应该是属于大家的。"

大家从我所讲的故事中学到了哪些知识？有哪些知识可以应用到我们课堂中以提高牵引定数？总结下来，我们可以知道提高牵引重量的措施：①某些地方不停车或者停车；②困难区段采用大功率机车牵引；③采用双机牵引或补机推送；④对某些艰难线路进行改造。

3.分析总结

同学们，今天我们学习了詹天佑的事迹，它也对我们思考如何提高牵引定数有些启发。詹天佑和工人们不怕困难，不怕劳累，依然要为国家出一份力，他们为国家做了许多事。在修京张铁路时需要的是智慧，像詹天佑这样爱国还拥有智慧的人，才是中国真正需要的人。詹天佑凭着自己的智慧设计了"人"字形线路，因为这样，才给了帝国主义者一个有力的回击。如果我们也像詹天佑这样，努力学习、做国家栋梁之材时，中国就会更发达、更强大。当今中国已经比当时发达了很多，但是仍有不少问题需要我们去解决，牢记伟人的事迹，学习伟人的精神，并从伟人事迹中得到启发并应用到当今，这样才能把我们铁路运输面临的难题一一解决。

6

轨道交通装备制造与维护

教学内容和思政融合设计

序号	教学内容	思政映射与融入点	编者
1	知识点：车体钢结构制造中的焊接工艺	案例1：焊接结构特征——如何树立集体荣誉感与社会责任感	艾岳巍
2	知识点：列车控制与诊断系统	案例2：列车智能诊断——如何培养社会责任感	艾岳巍
3	知识点：本专业制造与修理的主要工程对象	案例3：机车车辆制造与修理对象的更新换代——如何为交通装备制造业作出贡献，促进轨道交通持续发展	谢劲松
4	知识点：轴承的损伤和修理	案例4：高速动车组列车的轴承型号——如何促进国产轴承在动车组中的应用	谢劲松
5	知识点：机械故障诊断的重要意义	案例5：机械故障诊断的重要性——激发爱国热情，强化责任担当意识	鲁寨军，周丹

案例1 焊接结构特征
——如何树立集体荣誉感与社会责任感

【课程名称】轨道交通装备制造与维护

【教学内容】车体钢结构制造中的焊接工艺

【案例意义】通过学习该部分内容，学生可以掌握车体钢结构焊接制造的基本概念、基本原理及基本运用，通过深入了解焊接结构的特征，融入思政元素，引导学生树立集体荣誉感与社会责任感。

教学过程

1. 问题导入

通过介绍焊接的基本概念及基本原理，引入焊接结构的特征并进行深入分析，挖掘相应的课程思政教育元素。通过数个车体钢结构生产过程中的典型事例,引出什么是焊接,焊接具有什么特征。焊接是一种通过对材料输入能量,让材料之间产生变化后形成一种可靠的连接,获得具有特定功能结构的技术。两种不同的材料相互连接在一起后,能够完成各自所不能完成的任务。通过进一步分析,引出我们每个学生作为班级、学校、国家的一员,应该与周围人员团结协作,树立强烈的集体荣誉感和社会责任感,为国家、社会作出自己的贡献。

2.讲授正文

车体钢结构作为轨道交通设备中的重要零部件,是由型钢、板材及冲压件组成的大型焊接结构,如图6-1所示。焊接是车体钢结构最主要的连接方法。那么常见的连接方法有哪些?什么又是焊接?以此引出这些问题,启发学生积极主动思考。

高速列车　　　　　　　　　　地铁

图6-1　车体钢结构

生产生活中常见的连接方法主要包括螺栓连接、铆接、粘接及焊接等。焊接作为车体钢结构最主要的连接方法,相对于其他连接方法具有什么特征?引出焊接的基本概念。焊接,也称作熔接,是一种以加热、高温、高压的方式接合金属或其他热塑性材料的制造工艺及技术。通过分析可知,焊接过程中通过输入一定的能量,使得材料发生熔化后连接在一起。连接材料可以是金属材料或其他热塑性材料。材料连接的目的是能够更好地完成一定的任务。因此,不同的材料通过共同结合在一起后,能够形成具有更强功能的结构。

通过进一步分析焊接的特征,发现不同材料受热连接,相互间会传递能量等。基于焊接结构的特征,可以挖掘对应的课程思政元素。从焊接结构的特征中,我们应该学到,不同个体之间应取长补短、团结协作、融入集体及勇于担当,以此激励学生培养助人为乐、团结互助的高尚品德,树立强烈的集体荣誉感和社会责任感,培育浓厚的家国情怀和立志报国的雄心壮志。

3.分析总结

通过以上内容,引导树立强烈的集体荣誉感和社会责任感等高尚品德。为了让课程中专业知识讲解和对课程思政元素的剖析能够顺畅,避免出现脱节的现象,应该在专业知识的深入讲解和领悟中挖掘对应的课程思政元素,使得整个知识点融为一体,讲解过程自然而有深度。另外,可以丰富教学方式,不局限于课堂文字图片的教学。引入一些视频材料或通过红色教育基地作为课程思政教育元素的载体,能够增加学生们的体验感,产生获得更好的教学效果。在让学生掌握专业知识的基础上，贯彻落实立德树人根本任务，以社会主义核心价值观和中华优秀传统文化教育为灵魂和主线，实现预期的育人目标。

案例2 列车智能诊断
——如何培养社会责任感

【课程名称】轨道交通装备制造与维护

【教学内容】列车控制与诊断系统

【案例意义】通过学习该部分内容，学生可以掌握列车控制与诊断系统的基本概念、基本原理及基本运用，通过深入了解列车控制与诊断系统的特征，融入思政元素，引导学生树立集体荣誉感与社会责任感。

教学过程

1. 问题导入

通过介绍控制与诊断系统的基本概念，引入控制与诊断系统的特征并进行深入分析，挖掘相应的课程思政元素。通过数个轨道交通设备智能维护过程中的典型事例，引出什么是自动控制，微机控制系统具有什么特征。作为现代城市轨道交通设备，列车、车辆及车辆主要的系统都采用了微机进行自动控制。微机控制系统中通过创新技术的应用，能够对列车主要设备各组成部分的运行状态和故障信息进行自动采集和显示，所收集的数据种类和精度能够满足要求，且通过微机控制系统中各部分的配合实现智能维护。每个学生作为班级、学校、社会的一员，应该努力学习先进的科学文化知识，增强创新能力，在实践中充分应用所学的知识和创新思路，树立强烈的社会责任感，为国家、社会作贡献。

2. 讲授正文

作为现代城市轨道交通设备，列车、车辆及车辆主要系统都采用微机进行自动控制，如图6-2所示。列车控制系统是保障列车安全运行的核心系统。那么列车控制系统包含什么设备？什么是自动控制？引出这些问题，启发学生积极主动思考。

列车控制系统主要包括车载安全计算机、轨道电路、应答器、电台、人机界面、传感器、列控中心、移动交换中心、无线闭塞系统、微机自动控制系统和行车指挥中心等。微机自动控制系统作为列车控制系统主要的组成部分，相对于其他控制系统具有什么特征？以此引出自动控制的概念。作为现代城市轨道交通设备，列车、车辆及车辆主要的系统都采用微机进行自动控制。微机控制系统中通过创新技术的应用，能够对列车主要设备各组成部分的运行状态和故障信息进行自动采集和显示，所收集的数据种类和精度能够满足要求，且通过微机控制系统中各部分的配合实现智能维护。因此，微机控制系统对于保障轨道交通车辆的安全运行至关重要。

通过进一步分析微机控制系统特征，包括信息采集、记录和显示，满足故障分析和诊断的需要，实现自动化和智能化等。基于微机控制系统的组成及各部分的创新技术，可以挖掘出对应的课程思政元素。我们作为班级、学校、社会的一员，应该与周围人员团结协作，努

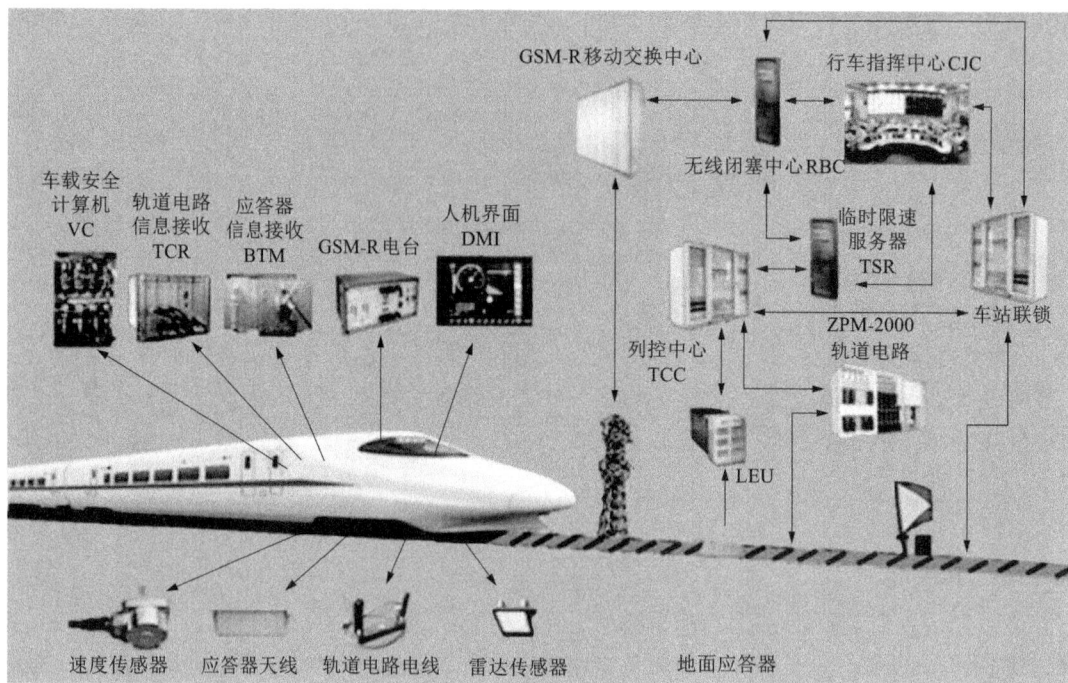

图 6-2　列车控制系统

力学习先进的科学技术，增强创新能力，在实践中充分应用所学知识和创新能力，勇于创新，为国家、社会作贡献。不同个体之间应取长补短、团结协作、融入集体及勇于担当，培养助人为乐、团结互助的高尚品德，树立强烈的集体荣誉感和社会责任感。

3.分析总结

通过以上内容，引导学生树立强烈的集体荣誉感及社会责任感等。为了让课程中专业知识讲解和对课程思政元素的剖析能够顺畅，避免出现脱节的现象，应该在专业知识的深入讲解和领悟中挖掘对应的课程思政元素，使得整个知识点融为一体，讲解过程能够自然而有深度。另外，可以丰富教学方式，不局限于课堂文字图片等方式。引入一些视频材料或通过红色教育基地作为课程思政教育元素的载体，能够增强学生们的体验感，产生更好的教学效果。在让学生掌握专业知识的基础上，贯彻落实立德树人根本任务，以社会主义核心价值观和中华优秀传统文化教育为灵魂和主线，实现预期的育人目标。

案例 3　机车车辆制造与修理对象的更新换代
——如何为交通装备制造业作出贡献，促进轨道交通持续发展

【课程名称】轨道交通装备制造与维护
【教学内容】本专业制造与修理的主要工程对象
【案例意义】通过该案例，促进学生对我国典型轨道交通装备的了解，增强同学们对本

专业、对我国轨道交通事业发展的自豪感，激发同学们致力于发展交通制造业、立志为交通强国建设奋斗和奉献的决心。

教学过程

1. 问题导入

本课程将主要介绍机车车辆的制造和修理工艺，那么制造和修理的对象有哪些？机车经过了怎样的发展历程？（图6-3）

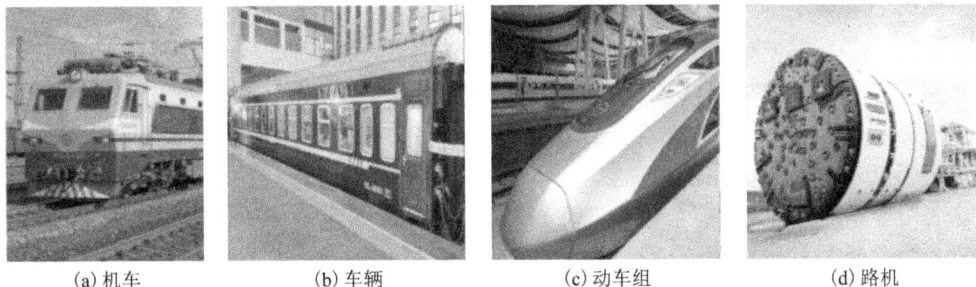

| (a) 机车 | (b) 车辆 | (c) 动车组 | (d) 路机 |

图6-3 问题导入

2. 讲授正文

（1）该课程的工程对象主要是轨道列车及轨道工程装备。那么，我国轨道列车有哪些典型类型？轨道列车的发展历程是什么？促进发展的关键是什么？同学们如何为交通强国作出奉献，促进轨道交通制造业持续发展？

（2）目前，我国的轨道列车主要分为内燃机车牵引的列车、电力机车牵引的列车，以及高速列车。前两者均属于动力集中型，而高速列车基本为动力分散型的动车组列车。（图6-4）

| (a) 内燃机车牵引——动力集中 | (b) 电力机车牵引——动力集中 | (c) 动力分散型动车组（高速列车） |

图6-4 了解我国轨道列车的现状

内燃机车是以内燃机作为原动力，通过传动装置驱动车轮转动的机车。根据机车上内燃机的燃料种类划分，在我国铁路上采用的内燃机车绝大多数配备柴油机。燃油（柴油）在汽缸内燃烧，将热能转换为由柴油机曲轴输出的机械能，但并不用来直接驱动动轮，而是通过传动装置转换为适合机车牵引特性要求的机械能，再通过走行部驱动机车动轮在轨道上转动。

电力机车是指从供电网（接触网）或供电轨中获取电能，再通过电动机驱动车辆行驶的火车。电力机车运行所需的电能由电气化铁路的供电系统提供，而自身携带发电能源和装置的电传动内燃机车和燃气机车等则不属于电力机车范畴。

动车组列车被称作"列车组""机车组"等，为现代火车的一种类型，由若干带动力的车辆(动车)和不带动力的车辆(拖车)组成，列车在正常使用期限内以固定编组模式运行。

动车组(D-series high-speed train)在中国国家铁路运输系统里是指"(普通)动车组旅客列车"，车次以"D"开头，简称"D字头列车"，其综合等级高于直达特快列车和其他普速列车，低于后来由其本身进一步细分出来的"高速动车组列车(G字头列车)"和"城际动车组列车(C字头列车)"。

(3)交通装备的更新换代历程

按照国务院确定的"引进先进技术、联合设计生产、打造中国品牌"的总体要求，2006年8月2日上午，时速200 km及以上动车组引进技术消化吸收再创新重点项目的10份合作协议在北京签署。高速动车组九大核心技术由原南车株洲电力机车研究所、原南车株洲电机、原北车永济电机、原北车四方机车车辆研究所、原北车大连电力牵引研发中心、铁科纵横机电等科研单位进行消化吸收创新。

2008年，《中国高速列车自主创新联合行动计划》重点实现以下四个方面的目标：一是在引进技术消化吸收和再创新已取得阶段性重大成果的基础上，进一步加大自主创新力度，突破关键技术，集成创新成果，研制新一代时速350 km及以上高速列车，为京沪高速铁路提供强有力的装备保障；二是建立并完善具有自主知识产权、国际竞争力强的时速350 km及以上中国高速铁路技术体系，加快实现引领世界高速铁路技术发展的目标；三是发挥两部联合优势，构建中国特色的高速列车技术创新链和产学研联盟，不断增强自主创新能力，为中国高速列车技术的可持续发展提供强有力的支撑；四是积极引导创新要素向企业聚集，促进创新成果向现实生产力转化，打造中国高速列车产业链和产业群，带动并提升我国制造相关重大装备的能力。

2012年，《高速列车科技发展"十二五"专项计划》提出以高速铁路体系化安全保障技术、高速列车装备谱系化技术、高速铁路能力保持技术和高速铁路可持续技术为重点，以高速列车谱系化、智能化和节能降耗技术为核心，提升、完善并基本形成我国高速列车相关关键技术及重大装备体系，为我国高速列车相关技术与装备具备可持续发展能力和完全自主化提供核心与关键技术保障，为我国在高速列车相关领域的持续发展和高速铁路成为最安全的大容量运输方式奠定核心技术基础，为我国高速列车相关产业的形成和提升提供科技支撑。

促进发展的关键因素在于技术创新。2004年，按照国务院确定的"引进先进技术、联合设计生产、打造中国品牌"的总体要求，时速200km及以上动车组引进[图6-5(a)]；2008年，建立并完善具有自主知识产权、国际竞争力强的时速350 km及以上中国高速铁路技术体系[图6-5(b)]；2012年，以高速列车谱系化、智能化和节能降耗相关技术为主线，以运营安全性、可持续性和提高我国高速列车装备适应性为重点，进行科学布局，确保我国高速列车核心装备技术在自主创新基础上的可持续发展[图6-5(c)]。

(4)同学们如何为交通装备制造业作奉献，促进轨道交通制造业持续发展？

习近平总书记以视频方式出席第二届联合国全球可持续交通大会开幕式并发表题为《与世界相交 与时代相通 在可持续发展道路上阔步前行》的主旨讲话，提出重要倡议、宣布务实举措、体现中国担当，为推进全球可持续交通事业发展注入强大动力和坚强信心。

同学们要做到坚定理想信念，坚定不移感党恩、听党话、跟党走，切实把个人小我融入

(a) CRH1A　　　　　(b) CRH380系列　　　　　(c) CR400系列

图 6-5　交通装备的更新换代历程

祖国的大我之中，以青年人无所畏惧的斗志拥抱新时代，谱写青春芳华。

3.分析总结

通过该案例，促进学生对我国轨道交通发展历程的了解，使其充分认识到本课程的制造技术对于促进我国轨道交通事业的发展具有重要意义。以我国高速列车的发展历程为案例，引导学生跟党走，把个人事业小我融入祖国发展中，不断以创新为驱动，坚定理想信念，立志于轨道交通制造业，促进轨道交通制造业持续发展。

案例 4　高速动车组列车的轴承型号
——如何促进国产轴承在动车组中的应用

【课程名称】轨道交通装备制造与维护
【教学内容】轴承的损伤和修理
【案例意义】通过该案例，引导学生投身基础科学研究，长期扎根于交通制造事业，不断提升我国的交通装备的制造水平，实现高速列车的完全国产化。

教学过程

1.问题导入

本节课主要介绍轴承的损伤形式和修理方法，在了解轴承的损伤形式之前，需要介绍现行车辆使用的轴承型号。同学们是否清楚目前我国机车、客运车辆、货运车辆、动车组的轴箱轴承都有哪些型号？高速动车组列车与普速列车对轴承的要求有何不同？

2.讲授正文

(1)列车采用的滚动轴承型号有哪些？

客车圆柱滚子轴承，型号有 42724QT，152724QT 型，42726QT，152726QT 型，NJ3226X1，NJP3226X1 型。BC1B322880，BC1B322881 型轴承、NSK42726T，NSK152726T 型。

货车用无轴箱双列圆锥滚子轴承，型号有 197720、197726、197730、SKF197726、352226、353130 型及进口轴承 TBU150、TAROL150 型(国内品牌主要有哈尔滨轴承、洛阳轴承)。

我国高铁动车组轴承采用进口产品，以轴箱轴承为例，具体配套情况如下：CRH1 和 CRH5 采用瑞典 SKF 轴承；CRH2 采用日本 NTN 和瑞典 SKF 轴承；CRH3 采用德国 FAG 轴承；CRH380A 采用 NTN 轴承；CR400BF 复兴号动车组采用德国 FAG 轴承。中国高铁虽然驰骋国内外市场，但是核心部件轴承仍然依赖进口。

（2）为什么高速列车轴承依赖进口？

起初是因为没有必要自己生产，轴承利润虽高，但和高铁总体造价相比只是九牛一毛，没有必要用国产轴承零件代替进口。有专业人员算了一笔账，如果每节车厢的轴承都使用国产的，那么每节车厢能够节省成本3.2万元，这笔钱只是每节高铁车厢造价的0.16%，而想要研发轴承技术却需要一笔不菲的资金。

再者是高速列车对轴承的性能要求高。高铁运营路线长，车身环境变化大，轴承不仅要经历风沙，还要耐得住风霜，这对轴承品质而言是一个严格的考验。除了对温度方面有着苛刻要求，轴承还需要适应不同的气候条件。我国的铁路线路比较长，可能出发地四季如春，目的地则是冰天雪地。

第三个原因是我国轴承相关的人才比较稀少。我国如今没有一个院校开设轴承专业。很早以前的理工科学院是有轴承相关专业的，但是后来这些专业因为毕业生就业问题，逐渐并入了其他专业，因此轴承专业人才严重不足。

第四，原因是制造轴承相关的材料和装备缺乏。即便有专业的人才，我们距离轴承强国还差什么呢？差的是制造轴承所需要的高端数控机床和制造轴承的原材料。轴承钢的历史长达一百多年，而我国的轴承钢历史只有短短的四十来年，基础相对薄弱，这也是我国高端轴承钢长期依赖进口的原因。

（3）如何制造满足高速列车性能和需求的国产轴承？

中国高铁轴承通过十几年的不断探索，终于有了打破外国封锁的实力。虽然我们现在绝大多数高铁轴承依然依赖进口，但是这种局面将会慢慢地被打破。其关键在于：

1）热衷于发展轴承事业的专业技术人才培养：不急功近利，专注于自己的专业，持续耕耘，踏实工作，积极探索，不断创新，终能突破。

2）工业基础的不断加强：高精度机床的开发，对轴承材料的不断研究及其突破。

3）应用企业对国产轴承的采用和支持。

3.分析总结

通过该案例，促进学生对我国列车典型轴承型号的了解，使其认识到我国轴承制造中存在的短板，通过问题引导（如何制造满足高速列车性能和需求的国产轴承），开展讨论，使学生更加热衷于发展轴承，不急功近利，专注于自己的专业，持续耕耘，踏实工作，积极探索，不断创新，终能突破。

案例5　机械故障诊断的重要性
——激发爱国热情，强化责任担当意识

【**课程名称**】轨道交通装备制造与维护

【**教学内容**】机械故障诊断的重要意义

【**案例意义**】将机械故障诊断的必要性深深植入学生的心中，增强学生的民族自信心和自豪感，激发爱国热情，强化学生的责任担当意识。

教学过程

1. 问题导入

"机械故障诊断学"是一门新兴的综合性学科。近年来，随着传感技术、电子技术、信号处理与计算机技术的突破性进展，本课程从理论、方法到应用领域都发生了很大的改变。本课程结合一些数学家的事迹和科研中的感悟，激励同学大胆思考，勇于创新，并通过一些机械设备的重大事故案例，告诫同学在工作学习中要认真负责，掌握机械故障诊断的方法及手段，避免事故发生。

在给学生介绍中外机械故障诊断学的发展历程时，融入思政元素，增强学生的民族自信心，培养创新精神，激发青年学生的爱国热情，培养立志献身祖国的远大理想，增强"四个意识"、坚定"四个自信"，并积极探寻与之匹配的课程思政教育资源，得出机械故障诊断的关键知识点，思政案例与推理式、体验式、案例式等教学方法的最优组合关系。

2. 讲授正文

在论述我国制造技术的发展历程时，适时融入思政元素。在中国共产党的领导下，随着我国改革开放的进一步扩大，人们生活水平得到极大的提高，制造业得到了长足的发展，正从制造业大国向制造业强国迈进，但对于复杂大型精密机械设备而言，机械故障诊断尤为重要。我们国家正在致力于发展完善机械故障诊断方法，但是我们也必须看到自身和发达国家的差距。而要弥补差距，需要青年学生努力学习，为祖国的腾飞作出自己的贡献。

在讲解机械故障的振动诊断技术部分内容的时候，引导学生理解并掌握机械故障诊断学的科学原理和方法，不因循守旧、墨守成规，并结合轨道交通行业的大背景，培养学生勤于思考、善于发现问题的品质，主动研究和解决机车车辆与故障诊断相关的问题；引导学生对机械故障诊断学中涌现的新方法、新手段、新技术不断学习，既有科学严谨的态度，也有质疑与创新精神。

结合一些机械设备的重大事故案例，指出机械故障诊断的重要性。比如，震惊全国的三峡工程"9·3"重大事故。当时三峡工地一台正在进行检修的巨型塔带机突然垮塌，两节重达20 t的机臂和部分皮带从约20 m的高空落下，造成34人伤亡。事故的原因就出在这个塔带机上，塔带机吊耳的根部焊接与图样的要求并不符合，而且塔带机的回转轴承选型也不当。当时我国的机械设备还达不到先进水平，只能选择从国外进口。该塔带机正是以生产巨型塔带机而驰名中外的美国罗泰克公司设计生产的。面对中方的赔偿要求，罗泰克公司不仅全盘否认责任，还反过来要求中方支付违约金。三峡集团决定对罗泰克公司采取法律手段，经过8年的努力，最终让他们付出了应有的代价。为什么罗泰克公司最终不得不低头赔偿呢？一方面，我们的故障诊断技术在不断进步，我们有信心，也找到了充分证据，证明事故的根源在于该公司设计和施工不当；另一方面，我国相关法律法规不断完善，律师也在不懈努力。现如今，我国科技创新快速发展，重型机械走在世界领先地位，依靠国外进口的情况已一去不复返了。

随着科技的发展，远程故障诊断、实时故障诊断技术高速发展，以我国引以为豪的"复兴号"高速列车为例进行介绍。"复兴号"高速列车建立了大量的传感系统，整车检测点达2500多个，比以前动车组多了500多个，是世界上传感器最多的高速列车。这些大大小小的传感器，最大的高 62.8 cm，最小的直径仅 5 mm，能采集 1500 多项车辆状态信息，时时刻刻对列车振动、轴承温度、牵引制动系统状态、车厢环境等进行监测。列车的智能化传感系统将所有数据采集到网络系统中，信息采集精度高，在重要监控点，数据记录精度最高达到微秒级，使"复兴号"有了 1 s 记录 100 万个数据的惊人能力。值得一提的是，"复兴号"的网络控制系统首次引入了高速以太网数据传输和维护网络，传输带宽由 1 兆级提升到了 100 兆级。如果说以前是"乡间小道"，现在则是宽敞的"高速公路"，借助以太网，车辆大容量数据得以高速实时传输，列车的故障诊断和检修维护更加安全可靠、智能。最令人骄傲的是，"复兴号"网络控制系统的硬件和软件都是自主研发的，实现了完全自主化的突破。

通过上述事例，使学生既认识到不断发展故障诊断技术的重要性，也看到我国相关技术和产业从落后到在某些领域逐步领先的过程，以增强学生的民族自信心和自豪感，激发爱国热情，强化学生的责任担当意识，树立献身祖国的远大理想。

3. 分析总结

通过大量案例的讲解，说明机械故障诊断对于国家发展，对于轨道装备发展，对于学生个人的发展都是必不可少的。以三峡工程"9·3"重大事故的定责索赔的事例，增强学生的责任担当意识，树立献身祖国的远大理想；以"复兴号"高速列车故障诊断技术处于世界领先地位的案例，增强学生的民族自信心和自豪感，激发爱国热情，从而将思政元素无缝融入教学中，实现知识传授与价值引领的有机统一，使学生能够自觉响应理想信念层面的精神指引，树立正确的价值思维、历史思维和实践思维观。

7

生产实习

教学内容和思政融合设计

序号	教学内容	思政映射与融入点	编者
1	生产实习：转向架制造	案例1：转向架环口焊接技术——李万君的匠心之路	谢劲松
2	生产实习：产品和工艺的环境影响	案例2：绿色交通——探索可持续发展之路	谢劲松
3	生产实习：了解、学习企业的组织结构	案例3：走近企业——恪守工程职业道德和规范	谢劲松

案例 1 转向架环口焊接技术
——李万君的匠心之路

【实践名称】生产实习：转向架制造
【实践内容】围绕转向架环口焊接技术，了解"大国工匠年度人物"李万君的先进事迹。
【案例意义】引导学生自觉培育工匠精神，践行家国情怀。

教学过程

1.问题导入

转向架制造技术是高速动车组九大核心技术之一。2007年，长客股份公司开始试制生产全国铁路第六次大提速的主力车型。在当时的技术条件下，转向架环口由于要承载重达50 t的车体重量，成为高速动车制造的关键结构，对其焊接成型工艺要求之严苛不言而喻，而焊接段数多的实际困难，经常导致焊接接头不熔合等质量短板，很大程度上制约了转向架的生产进程。此时，一向矢志报国的李万君站了出来，提出了一种能够适应批量生产的焊接方法，成功突破了这一瓶颈。那么，焊接工艺的关键要点是什么？

2.讲授正文

首先介绍焊接工艺的相关知识。转向架作为铁路车辆的"脊梁",对焊接工艺的要求极为严苛,必须具备高强度、高韧性、卓越的疲劳寿命以及出色的抗腐蚀性能。从焊接参数的精准控制到焊接顺序的合理安排,再到焊后的细致处理,每一环都直接关系到焊接接头的质量与性能。目前,常见的转向架焊接工艺方法大都包括准备工作、焊接定位、焊接参数设定、焊接操作、焊后处理几个步骤,主要有气体保护焊、手工电弧焊、激光焊、MAG 焊与激光-MAG 复合焊等。气体保护焊利用惰性气体或活性气体作为保护气体,能够防止焊接过程中产生氧化、氮化等有害反应。手工电弧焊则是一种传统的焊接方法,适用于对焊接质量要求不高的部件或小型结构,操作灵活,能适应各种位置和形状的焊接。李万君就是将气体保护焊和手工电弧焊结合起来,开创了一种突破国外技术封锁的"环口焊接七步操作法"。

接着介绍李万君的先进事迹。2007 年,时速 250 km 动车组开始试制,作为中车长客股份公司焊接技术过硬的员工,李万君被赋予了"焊好自主生产的第一个转向架"的重任。由于需要承载动车组的车体,转向架环口焊接的质量要求极高,任何瑕疵都可能导致安全隐患。面对如此严峻的挑战,李万君没有退缩。他深知,传统的焊接方法已经无法满足转向架环口的高要求,经过半个多月的日夜奋战,他终于摸索出了一套全新的焊接方法——"环口焊接七步操作法"。这套方法包括七个关键步骤,结合了氩弧焊和手工电弧焊的优点,通过精确控制焊接参数和工艺步骤,实现了环口焊接的一气呵成,大幅缩短了焊接周期,提高了生产效率,并通过优化焊接参数和工艺步骤,有效减少了焊材的使用量。

最后总结概括事迹背后的精神力量。600 mm 周长的环口背后,是李万君无数个日夜的汗水与智慧,是他矢志报国的热情与精益求精的精神的生动写照。从一名普通焊工成长为中国高铁焊接专家,李万君用实际行动实现了"技能报国"的崇高理想,实践了"大国工匠"的极致追求,激励着一代又一代工程技术人员不断追求卓越,为国家的繁荣富强贡献自己的智慧与力量。

3.分析总结

在介绍转向架制造工艺的过程中,自然融入"大国工匠年度人物"李万君的先进事迹,将枯燥的专业知识讲解转化为娓娓道来的"小剧场",提高学生的学习热情和兴趣,在潜移默化中引导学生向行业内先进模范看齐,自觉弘扬矢志报国的爱国精神和精益求精的工匠精神,立志在个人专业范畴不断突破。

案例 2　绿色交通
——探索可持续发展之路

【实践名称】生产实习:产品和工艺的环境影响

【实践内容】结合实例介绍产品和工艺的环境影响。

【案例意义】引导学生理解绿色交通和可持续发展的理念与内涵,培育良好的工程素养和工程环境观。

教学过程

1. 问题导入

2022 年，交通运输部办公厅印发《绿色交通标准体系（2022 年）》，要求各单位高度重视绿色交通领域的标准化工作，积极参与相关标准的研究储备和制修订，及时反馈标准体系实施过程中有关意见建议。那么，同学们知道什么是绿色交通吗？

2. 讲授正文

首先介绍绿色交通的概念。绿色交通（green transport）是旨在缓解交通拥挤、减少环境污染、促进社会公平、节省建设维护费用而发展的低污染，有利于城市环境的多元化城市交通运输系统。它不仅仅是一种交通方式的选择，更是一种可持续发展的理念，强调交通与环境、社会、资源等方面的协调。智能化、共享化、低碳化、人性化日渐成为绿色交通的发展趋势。

接着介绍以绿色交通为目的的工艺技术革新。绿色制造工艺，如激光加工、精密铸造、环保焊接等，在现代制造业中展现出诸多显著优势。激光加工过程中，激光束仅作用于工件表面，不会产生有害物质和大量废料，此外，激光加工的能源消耗较低，有利于节能减排和可持续发展。环保焊接技术，如激光焊接，能够在极短的时间内完成焊接，大幅缩短生产周期，且过程中产生的污染物较少，噪声相对较低，有助于改善工厂的工作环境。

在环境影响方面，传统铸造和精密铸造两种制造工艺存在显著的区别。传统铸造过程需要高温熔化金属，通常使用燃煤、燃油或电力等能源，可能产生大量的烟尘、废气、有害气体和温室气体等，如二氧化硫、氮氧化物、颗粒物、二氧化碳等，对空气质量产生负面影响。此外，传统铸造还存在较大的噪声，产生大量的废砂、废渣、炉渣等固体废物，其产生的废水也含有金属离子和有机物等污染物，如未进行有效的处理，会对河流、湖泊等水源造成污染。精密铸造虽然同样需要高温熔化金属，但由于其工艺更为精细，在能源利用效率上相对较高，产生的废气和有害物质相对较少，且更容易通过先进的废气处理设备进行净化处理，从而减少对环境的污染。同时，精密铸造强调循环经济和资源再利用，例如回收再利用废砂、废渣等固体废物，可以减少对原材料的需求和对环境的污染。

进而介绍绿色制造工艺的优势。通过上述几种工艺的介绍可以发现，绿色制造工艺具有高效、精准、环保、节能等诸多优势，这些优势不仅有助于提高生产效率和产品质量，更对环境保护和可持续发展具有深远意义。党的十八大以来，以习近平同志为核心的党中央把生态文明建设摆在全局工作的突出位置，全面加强生态文明建设。作为交通运输行业未来的主要力量，我们要树立绿色低碳的交通运输工程理念，学会站在环境保护和可持续发展的角度思考交通设备与控制工程实践的可持续性，学会理性评价产品生命周期各阶段对人类和环境造成的影响。

3. 分析总结

在介绍产品和工艺对环境的影响的过程中，衔接上"绿色交通"这一热门概念，利用当代社会对于生态环境重要性关注度高的热点，增强同学们对课程学习的兴趣以及从事相关领域工作的责任感。结合实例工艺介绍，引导学生深入理解绿色交通和可持续发展的理念与内涵，自觉培育良好的工程素养和工程环境观，理解工程师对企业和公众的安全、健康、福祉以及环境的责任并能自觉落实在实际行动中。

案例3　走近企业
——恪守工程职业道德和规范

【实践名称】了解、学习企业的组织结构

【实践内容】学习企业的历史、文化、英雄模范事迹及其在我国社会主义建设事业中的作用，了解企业的组织结构和生产组织管理流程。

【案例意义】引导学生理解并自觉遵守工程职业道德和规范，履行个人对企业和社会的责任，提高职业规范素质。

教学过程

1. 问题导入

2023年12月，中国中车股份有限公司(简称中国中车)获选中国ESG榜样"一带一路"贡献特别奖。作为全球轨道交通装备制造行业的领军企业，中国中车不仅为我国乃至全球的轨道交通事业作出了巨大贡献，还孕育了丰富的企业文化，涌现了许多先进事迹。那么，同学们知道中国中车是如何组织生产的吗？它的组织结构是怎样的呢？在推动我国轨道交通事业发展的过程中，有哪些模范值得我们学习？

2. 讲授正文

首先介绍中国中车的组织结构。中国中车作为轨道交通装备制造的龙头企业，其组织结构复杂而有序。公司决策层负责战略规划和重大决策；管理层则负责具体的管理工作和部门协调；执行层负责具体的生产和研发工作。这种层次分明的组织结构保障了中国中车高效、有序地运转。公司下设多个事业部和子公司，分别负责铁路车辆、城轨车辆、机电总包、新产业和现代服务等业务，在轨交装备领域的核心子公司包括株洲电力机车研究所、青岛四方机车、长春轨道客车以及株洲电力机车。目前，铁路装备是中国中车最核心的业务，2023年收入占比41%，主要产品服务包括动车组、铁路装备维修、机车、客/货车。

接着介绍中国中车的历史沿革与文化传承。从1881年中国第一台蒸汽机车"龙号"到时速350 km"复兴号"高速列车，中国中车起源于晚清洋务运动两大成果之一的唐山胥各庄修车厂，见证了中华民族铁路装备工业跨越三个世纪的伟大发展历程，积淀了厚重的历史、文化价值。近年来，中国中车始终走在轨道交通装备制造的前列，始终坚持高定位、优品质、新模式，不断为中国中车这张"国家名片"充实含金量。在这个过程中，中国中车形成了自己独特的企业文化，如"质量优先、创新发展"的经营理念，"放眼全球、服务世界"的格局，"守中致和、厚德载物"的情怀等。这些文化理念不仅影响了中国中车的发展方向，也激励着每一位中国中车人不断追求卓越。

最后介绍行业的模范事迹。在交通运输设备制造业的发展过程中，涌现出了许多行业模范，他们以自己的实际行动践行了工程职业道德和规范，为企业的发展和社会的进步作出了杰出贡献。"中国电力机车之父"刘友梅院士就是一位杰出代表。作为我国铁路电力牵引技术装备研制开拓者之一，他先后担任我国第一代韶山 1 型电力机车、第二代韶山 3 型电力机车的总体设计师，并主持了第三代、第四代电力机车的研发工作，推动了我国铁路电力牵引技术装备从普载到重载、从常速到高速、从交直传动到交流传动、从进口到出口的 4 次历史性跨越。他坚持严谨治学、精益求精，为我国轨道交通事业的发展培养了大批优秀人才，为推动我国轨道交通事业的发展作出不可磨灭的贡献。

此外，还有许多铁路产业工人的优秀代表：蒋涛严格按标准流程"发号施令"，用工作"零差错"保障列车运行安全有序；王庭虎 36 载永葆初心，扎根秦巴山区养护维修钢铁大动脉；张华苦练检修本领，从第一代动车组检修人成长为动车组高级修领军人才；李军以暖心的微笑、真诚的服务，在平凡的客运服务岗位绽放光彩……他们在最平凡的岗位，展现着最美的风采。

3. 分析总结

透过中国中车这一企业的发展变化，以小见大，讲述中国轨道交通事业的发展历程与国家百年来的沧桑巨变，引导学生感受波澜壮阔的时代浪潮，不断增强其职业荣誉感、专业认同感和行业自豪感。通过介绍企业的组织结构、生产组织管理和发展历史沿革，引导学生了解、学习工程师的工作和职责，自觉理解并自觉遵守工程职业道德和规范，树立并践行社会主义核心价值观，履行个人对企业和社会的责任，提高职业规范素质。

8

测试技术与信号处理

教学内容和思政融合设计

序号	教学内容	思政映射与融入点	编者
1	知识点：测试技术的内涵与工程应用	案例1：测试技术的工程应用——开拓创新思路，服务轨道交通	傅勤毅
2	知识点：测试技术的基础知识实践	案例2：测试技术的基础知识——夯实核心知识，积极开展创新	谢劲松
3	知识点：轨道交通领域测试技术中的工匠精神	案例3：测试技术的工程实践——开展测试实践，弘扬工匠精神	谢劲松
4	知识点：在智能手机传感器信号的处理中培养团队协作精神	案例4：智能手机传感器信号处理的创新研讨——培养团队协作精神	肖友刚

案例1 测试技术的工程应用
——开拓创新思路，服务轨道交通

【课程名称】测试技术与信号处理

【教学内容】测试技术的内涵与工程应用

【案例意义】夯实基础知识，开拓创新思路。

教学过程

1. 问题导入

从测试技术的基本概念开始，概述测试系统的构成，分析测试技术在仪器、传感器、信号处理等方面的发展及方向。介绍测试技术在各行各业中广泛应用的概况，就我国铁路轨道检测和运维中的检测问题展开，引入案例，分析轨道动、静态检查的技术创新策略，提出开拓创新思路, 增强民族自信, 立志服务于轨道交通行业。

2. 讲授正文

(1)测试技术为确定被测物的属性量值的全部操作。通过试验方法对客观事物取得定量信息的过程, 是具有试验性质的测量, 来获取有用的信息。(图 8-1)

图 8-1　测试技术原理

(2)测试系统由传感器、中间变换装置和显示记录装置 3 部分组成, 并应该满足一定的基本原则。(图 8-2)

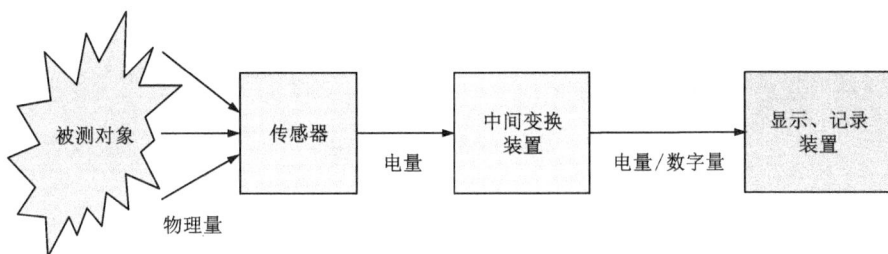

图 8-2　测试技术系统

(3)测试技术的发展。

①测试仪器: 由模拟式电工仪表经 20 世纪 60 年代分立元件模拟式仪表、20 世纪 70 年代的数字式仪表、20 世纪 80 年代的智能式仪表、20 世纪 90 年代的集成/虚拟仪器发展到今天。

②传感器技术: 物性型传感器、集成智能化传感器、化学传感器不断更新, 形成传感器+嵌入式的智能型, 向着小型化、集成化、多功能化、网络化、智能化和系统化的方向发展。

③测试信号处理: 结合计算机的虚拟仪器技术。

④工程应用: 科学实验、产品开发、生产监督、质量控制, 在航天、交通、农业、医学各行各业均承担重要任务色。(图 8-3)

(4)案例: 铁路交通中的轨道检查。

①众所周知, 我国的高速铁路引领世界。高速铁路不等同于高速列车, 是指一类铁路系统。高平顺性是高铁系统对轨道的根本要求, 也是高铁系统建设的控制性条件。对轨道的精准检测是平顺性保障的先决条件。

②在轨道的动态检查中, 我国的高速综合检查列车采用了引进、消化、吸收、再创新的策略, 取得了辉煌成果, 在高铁的联调联试、运营的安全保障中发挥重要作用。(图 8-4)

航天

农业

交通

医学

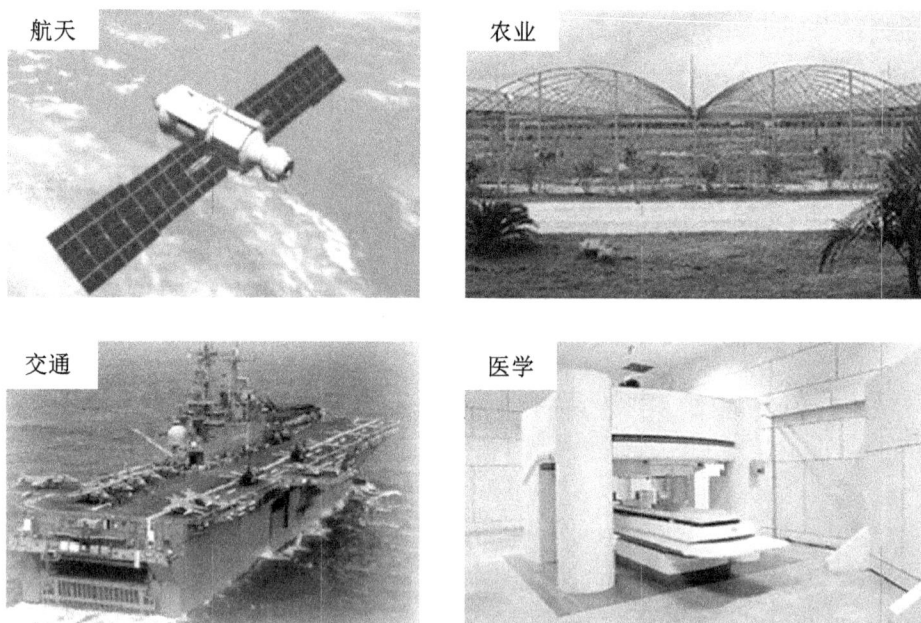

图 8-3　测试技术应用

由6动2拖组成　　6大检测系统

CRH380AJ-0201-四方厂　　　　CRH380BJ-0301-唐山厂　　　　CRH380BJ-A-0504-长客厂

轨道检测　　动力学检测　　接触网检测　　通信检测　　信号检测　　综合系统

图 8-4　测试技术轨道中应用

③在轨道的静态检查中，我国科技工作者提出原创性检测理论，发明了多源信息融合的轨迹测量原理。在高铁精测精调、有砟轨道精测精捣及运营线路的数字化维护中，发挥主力作用，实现了我国铁路线路轨道的数字化维修。

3.分析总结

测控技术是信息科学三大支柱中的重要支柱，首先需要实现检测成果的精准可靠，为后续的智能控制打下基础。该学科在各行各业都大有可为，就本专业领域中，其应用同样广泛。在铁路交通的轨道检测中，动态检查采用了引进—消化—吸收的战略，是一个成功的范例。在静态检查方面，通过科技工作者的努力，提出了原创性的理念，经过广泛的工程应用，当今我国铁路线路轨道的平顺性指标达到了世界领先水平，是我国高铁能持续以 350 km/h 运营的基础保障。

案例 2　测试技术的基础知识
——夯实核心知识，积极开展创新

【课程名称】测试技术与信号处理
【教学内容】测试技术的基础知识实践
【案例意义】夯实核心知识，积极开展创新。

教学过程

1. 问题导入

从测试技术的基础理论开始，首先梳理测试系统的基本构成，其涵盖了信号采集、数据传输、数据处理与结果分析等多个关键环节。随后，深入分析测试技术在仪器精度提升、传感器智能化以及信号处理算法优化等方面的发展动态与未来趋势，这些进步共同推动着测试技术向更高精度、更强实时性和更广适应性迈进。

2. 讲授正文

(1)测试系统作为连接物理世界与数字世界的桥梁，其核心在于精准、高效地获取并分析被测对象的信息。这要求深入理解传感器的工作原理、信号调理电路的设计以及数据处理算法的优化。传感器作为测试系统的"眼睛"和"耳朵"，其精度、响应速度及稳定性直接决定了测试结果的可靠性。而信号处理则是将原始数据转化为有用信息的关键步骤，涉及滤波、放大、转换及解析等多个环节。(图 8-5)

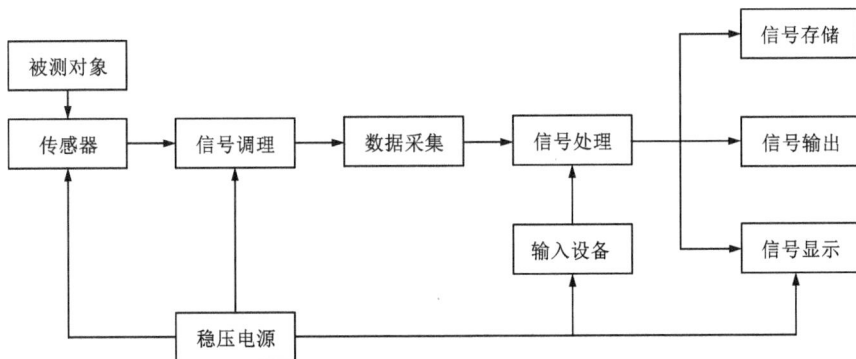

图 8-5　测试系统

(2)轨道交通作为现代城市的重要交通方式，其安全性、舒适性和效率性均离不开先进的测试技术。从轨道几何尺寸的精确测量到列车运行状态的实时监测,再到信号系统的故障诊断与预测,测试技术贯穿于轨道交通的每一个环节。然而,面对复杂多变的运营环境、高速运行的列车以及日益增长的运输需求,测试技术也面临着诸多挑战,例如如何在极端条件下保持传感器性能的稳定、如何快速准确地识别并处理海量数据以及如何构建高效可靠的远程监控系统等。(图8-6)

(3)随着物联网、大数据、人工智能等技术的快速发展,测试技术正向着智能化、网络化、集成化的方向迈进。在轨道交通领域,利用机器学习提升数据处理效率等,将进一步提升测试技术的精度与效率。此外,随着国际合作的不断深入,也应积极借鉴国际先进经验,共同推动轨道交通测试技术的标准化与国际化进程。(图8-7)

图8-6　测试技术在转向架中应用

图8-7　测试技术在动车组中应用

(4)案例:高速动车组模态测试。

①动车组进行振动模态试验,能够较准确地预报车体及悬挂结构的振动固有频率、阻尼及响应,对深入分析环境激振条件下动车组的振动特性、评价运行平稳性、优化结构参数有着积极的作用。而且,车体弯曲和扭转等振动的模态参数和动刚度是验证动车组车体动态设计的重要参数。(图8-8)

②工作模态(OMA)试验难点:被测结构为新设计动车组,试验工况较多,不同工况下振动量级的变化较难预测。测点数量多,且测点分布在转向架、车体外侧及车体内侧等位置,振动量值差异性较大。

③相比于铝合金车体,整备状态下的动车组工作设备多,运行过程中振动频谱成分复杂,对模态拟合算法要求较高且需甄别错误模态。

3.分析总结

测控技术与传感技术作为信息科学的重要支柱,共同构成了现代工业与交通领域智能化、自动化的基石。在高铁行业中,这些技术的精准实施是实现高速、安全、高效运营的关键。从动态检测到静态监测,每一步都离不开高精度、高可靠性的测控与传感手段。传感技术在航空等其他领域的应用同样广泛且深入,从飞机结构健康监测到静态结构安全评估,每一步都彰显着传感技术的核心价值。通过不断技术创新与优化,这些领域设备的安全性与工作效率得到了显著提升。

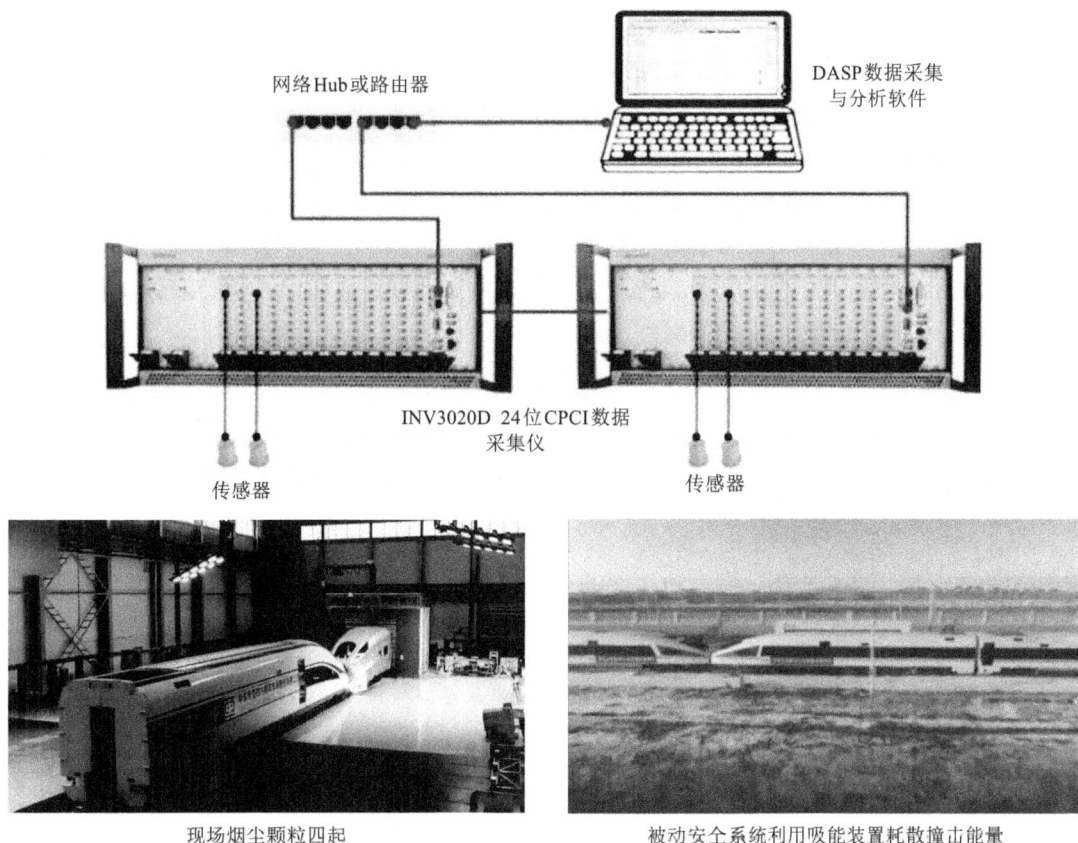

现场烟尘颗粒四起　　　　　　被动安全系统利用吸能装置耗散撞击能量

图 8-8　测试技术在动车组中应用

案例 3　测试技术的工程实践
——开展测试实践，弘扬工匠精神

【课程名称】测试技术与信号处理
【教学内容】轨道交通领域测试技术中的工匠精神
【案例意义】开展测试实践，弘扬工匠精神。

教学过程

1. 问题导入

在我国轨道交通行业快速发展的背景下，测试技术作为确保轨道交通安全、高效运行的关键，发挥着至关重要的作用。本课程将以某轨道交通测试团队的工作经历为案例，突出展示他们在工作中所体现的工匠精神和社会责任感。

2. 讲授正文

(1)随着我国高速铁路行业快速发展，如何评判高速铁路的开通以及保障运营后的运行安全,需要研究相关检测技术、养护维修标准等。为此,中国铁道科学研究院以中国高速铁路项目为平台,以高速铁路系统试验国家工程实验室为依托,组建高速铁路基础设施健康状态检测评估技术创新团队,研究的高速铁路基础设施健康状态检测评估技术已成为保障中国高铁安全不可或缺的核心手段,同时也是促进中国高铁技术发展的有力手段和高铁技术试验验证的唯一手段。

（2）精益求精,追求极致。团队成员在测试过程中,始终坚持高标准、严要求,对每一个测试数据都进行反复核对与验证,确保数据的准确性和可靠性。他们深知,哪怕是一个微小的误差,都可能对轨道交通的安全运行造成重大影响。因此,他们始终保持着高度的责任心和敬业精神,不断追求测试技术的极致。

（3）创新进取,攻克难题。面对轨道交通测试中的种种难题,团队成员从不退缩,积极寻求解决方案。他们通过不断学习和实践,掌握了多项先进的测试技术和方法,成功攻克了一系列技术难题。例如,在轨道交通信号系统的测试中,他们自主研发了一套高效、准确的测试系统,大大提高了测试效率和准确性。

（4）案例:高速铁路基础设施健康状态检测评估技术创新团队。

①保障安全,服务公众。作为轨道交通行业的从业者,团队成员深知自己肩负的社会责任,深知轨道交通的安全运行直接关系到广大乘客的生命财产安全。因此,他们在工作中始终将安全放在首位,确保每一台轨道交通设备都经过严格测试和评估,符合相关标准和要求。他们的努力,为轨道交通的安全运行提供了有力保障,也为广大乘客提供了更加安全、便捷的出行服务。

②推动发展,贡献社会。除了保障轨道交通的安全运行外,团队成员还积极参与轨道交通行业的创新与发展工作。他们通过不断研发新技术、新方法,推动轨道交通行业的科技进步和产业升级。同时,他们还积极参与公益活动和社会责任项目,为社会的和谐与发展贡献自己的力量。

3.分析总结

本案例通过展示轨道交通测试团队在工作中所体现的工匠精神和社会责任感,旨在引导学生树立正确的职业观念和社会责任感。学生应从中汲取精神力量,学习团队成员的敬业精神和创新精神,不断提升自己的专业素养和综合能力。同时,学生也应认识到自己作为社会的一员,应肩负起应有的社会责任,为社会的和谐与发展贡献自己的力量。

案例 4 智能手机传感器信号处理的创新研讨
——培养团队协作精神

【课程名称】测试技术与信号处理
【教学内容】在智能手机传感器信号的处理中培养团队协作精神
【案例意义】开展创新性研讨,培养团队协作精神。

教学过程

1. 问题导入

随着智能手机技术的飞速发展，传感器在其中的应用日益广泛，如加速度传感器、陀螺仪、光线传感器、距离传感器等。对这些传感器采集到的信号进行准确、高效的处理，对于实现智能手机的各种智能功能至关重要。然而，智能手机传感器信号处理是一个复杂的系统工程，通常需要完成信号采集、预处理、特征提取、算法设计、模型训练、结果分析等多个环节，涉及多个学科领域的知识和技术，如果由单个成员独立完成所有工作，不仅任务繁重，而且效率低下。团队协作可以将工作任务进行合理分工，每个成员负责自己擅长的环节，同时可以从不同的角度进行分析和讨论，共同寻找解决问题的最佳途径。在面对智能手机传感器信号处理中的难题时，如信号噪声干扰、数据不准确、算法效果不佳等，团队还可以给予成员心理上的支持和鼓励，通过思想碰撞和交流激发创新思维，产生新的想法和解决方案，提升信号处理效果。因此，在智能手机传感器信号处理的创新研讨中培养团队协作精神具有重要意义。

2. 讲授正文

在智能手机传感器信号处理教学中，采用项目式学习法和小组竞赛法相结合的教学方式，将学生分成若干小组，每个小组选择一个智能手机传感器信号处理的项目，如基于陀螺仪和加速度传感器的运动轨迹跟踪、利用光线传感器和摄像头实现环境光自适应拍照、利用加速度传感器进行运动姿态识别、通过光线传感器和距离传感器实现自动亮度和距离调节功能的优化等。在项目实施过程中，小组成员分工明确，有的负责传感器硬件的选型和连接，有的负责信号处理算法的设计和编程，有的负责实验数据的采集和分析，还有的负责项目文档的撰写和汇报。同时，开展智能手机传感器信号处理的创新应用竞赛，鼓励各小组提出新颖的传感器信号处理方案，并将其应用于实际的生活场景或特定的行业需求中。在竞赛过程中，小组需要充分发挥团队的创造力和协作能力，从创意构思、方案设计到实施验证，每个环节都需要成员之间紧密配合和高效沟通。

在实践过程中，教师精心组织，为学生搭建一个展示与交流的平台。各小组将自己在智能手机传感器信号处理方面的项目成果进行展示，随后展开互评。

在准备项目成果展示的过程中，小组成员们为了呈现出最佳效果，纷纷发挥各自的优势，分工协作。有的负责深入研究传感器信号处理的理论知识，有的专注于实验数据的采集和分析，还有的致力于展示内容的设计和讲解。这一过程极大地激发了学生的团队协作意识和竞争意识，不仅提升了展示效果的质量，也使学生们深刻体会到团队协作的力量，学会了如何相互配合、相互支持，共同攻克难题。

而小组间的互评环节则让学生在欣赏他人成果的同时，也能发现自身的不足和差距，从而激发竞争意识，更加努力地学习和创新。为了在竞赛中脱颖而出，学生们积极思考，不断尝试新的方法和思路，对智能手机传感器信号处理的知识和技能进行深入探索和实践，创新思维得到了有效的培养。

3. 结果呈现

创新研讨案例一

长期暴露在高强度磁场中可能会对人体的神经系统、心血管系统等产生不良影响，通过测量可以及时发现潜在的安全隐患，采取相应的防护措施或对设备进行调整。经过小组成员的"头脑风暴"，确定了检测中南大学天心校区内磁场强度的研究路径：

安装"手机物理工坊"App，打开软件内的磁力计点击开始测量，导出数据另存为 csv 文件。利用 SPSSPRO，根据 3σ 原则对地点及磁场数据进行处理，用局部加权平滑线性回归法对所测数据进行拟合，然后采用 BP 神经网络对经过平滑处理后的数据进行训练，再用该网络预测未被采集到的位置的磁场强度，得到中南大学天心校区内磁场强度的热力图，如图 8-9 所示。

图 8-9　中南大学天心校区内磁场强度的热力图

创新研讨案例二

校园噪声不仅干扰课堂教学，影响学习效率，而且长期处于喧闹校园环境中的学生，身体始终处于应激状态，内耳毛细胞会易过度振动、受损，进而引发听力下降。通过检测中南大学天心校区内的噪声水平，可以有针对性地采取降噪处理，让校园环境更宜人。经过小组成员的集思广益，确定了检测中南大学天心校区内的噪声的研究路径，并绘制了校园噪声地图。

对手机传感器采集到的噪声数据进行清洗，去除异常值和错误数据，对数据进行校准和归一化处理。将预处理后的噪声数据和对应的地理位置信息转换为地图绘制软件能够识别的 CSV 文件，其中应包含噪声值、经纬度等关键信息。将转换好格式的数据导入专业的地理信息系统软件 ArcGIS 中；根据需要设置地图的投影方式、比例尺、显示范围等参数，以便更好地展示噪声地图。根据噪声强度的大小划分不同的等级区间，每个区间对应一种颜色或符号，并在噪声地图上添加清晰的标注和图例，标注出重要的地点、区域或噪声源等信息，使噪声的分布情况一目了然。最终得到的中南大学天心校区噪声分布散点图 8-10 所示。

根据中南大学天心校区噪声地图，易得到噪声集中的 4 个区域：

①中南大学天心校区西门门口芙蓉南路段，车流量较大，噪声污染较为严重；

②竹塘西路与韶山南路交会路段，有门店在装修，噪声较大；

③中南大学天心校区东一门门口韶山南路段，修地铁打桩，噪声污染最为严重；

④林大路与青园路交会路段，美食门店较多，人流量大，声音较嘈杂。

根据以上4个区域以及学生宿舍、教室排布，可以得出对中南大学天心校区同学休息、运动、学习等影响最大的为区域1和区域3，因此我们提出以下整治方案：

①针对中南大学天心校区西门门口芙蓉南路段，为防止噪声污染对同学们运动的影响，建议在本路段学校围墙搭建隔音板；

②针对中南大学天心校区东一门门口韶山南路段(本路段对学生休息影响最大，尤其是男生宿舍)，建议与相关部门协调，避开学生休息时间施工。

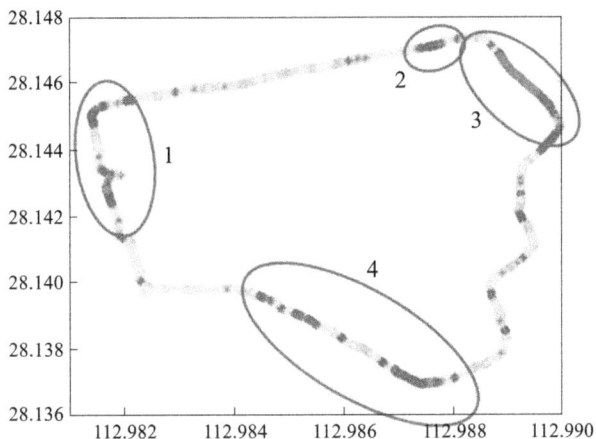

图8-10 中南大学天心校区噪声分布散点图

4. 分析总结

在智能手机传感器信号处理的创新研讨中培养团队协作精神具有重要的意义和价值。通过项目式学习、小组竞赛、角色扮演与模拟等多种方法，可以有效地培养团队协作精神，提高团队成员的协作能力、学习和工作效率以及创新能力。通过这种教学方式，让学生们不再是被动地接受知识，而是主动地参与到学习和实践中，使他们不仅扎实地掌握了智能手机传感器信号处理的专业知识和技能，还在团队协作能力和创新思维方面得到了充分的锻炼和提升。

9

单片机原理及应用

教学内容和思政融合设计

序号	教学内容	思政映射与融入点	编者
1	知识点：单片机的发展与应用	案例1：我国单片机芯片的发展——中国芯，强国梦	方聪聪
2	知识点：单片机硬件结构与工作原理	案例2：单片机硬件结构与工作原理——团队合作与协同精神	方聪聪
3	知识点：单片机中断系统	案例3：单片机中断系统——赠人玫瑰，手有余香	方聪聪
4	知识点：单片机实验	案例4：单片机实验——实践出真知，实践长真才	方聪聪

案例1 我国单片机芯片的发展
——中国芯，强国梦

【课程名称】单片机原理及应用

【教学内容】单片机的发展与应用

【案例意义】本案例通过介绍我国单片机芯片的发展历程，及近些年来美国为阻止我国芯片产业发展，发生的"中兴事件"与"华为事件"的背景与经过，让学生了解高端芯片对国家科技发展的重要性，引导学生学习单片机知识，并结合我国科技发展需要，提高学生学习单片机知识的积极性。

教学过程

1.问题导入

"单片机原理及应用"是一门实践性与操作性很强的课程，学生刚开始接触时对单片机内部的结构与原理基本上没有概念，如何提高学生对这门课程的重视程度甚至学习兴趣，是需要从多方面去考虑的。单片机芯片在各行各业及重大科技装备中的重要性是怎么样的？我国单片机芯片的发展现状及面临的挑战如何?

2. 讲授正文

（1）我国芯片发展现状

芯片在各行各业应用广泛，小到手机、电视机、洗衣机，大到飞机、列车与导弹，包括民用、工用和军用。目前我国芯片自给率仍然较低，核心芯片缺乏，高端技术长期被国外厂商控制，芯片已经成为我国一大重要进口商品，目前我国芯片的进口额比石油进口额多出一倍，芯的设计、制造与封装等重要环节及相关软件、母机等仍被欧美等发达国家牢牢控制。

（2）"中兴事件"与"华为事件"

2018年4月，美国商务部发出公告，中国企业中兴向伊朗出口包含美国芯片的通信设备，违反制裁条例，美国相关主体在未来7年禁止中国企业中兴通讯向美国购买敏感产品。在我国政府投入大量资源与美国进行交涉，中兴缴纳多达10亿美元的罚款和4亿美元的保证金后，2018年7月，美方解除了禁令。同样在2018年，美国以威胁通信安全为由，禁止华为手机及通信技术进入美国市场，更是在2020年5月全面限制华为购买由美国软件和技术生产的半导体，以保持美国在5G技术方面的领先性。

（3）启示与思考

我国半导体产业对美国的依存度较大，半导体生产设备国产化率不超过20%，全球前10位的半导体厂商中，美国占据4家。而半导体材料的国产化率仅有15%。半导体设计领域的EDA软件厂商基本上是美国公司。我国芯片产业全部依赖美国，美国商务部的一纸禁令，让我国引以为傲的全球通信设备供应商中兴与华为几乎陷于瘫痪，其根本原因是看似强大的中国产品内部核心零部件都是美国进口的，基本采用的都是美国技术。这说明，我们的企业不仅要大，还要强。当代青年应该认识到国家的迫切需求，学好单片机知识，将来为我国的"强芯"计划贡献一份力量。

3. 分析总结

本案例将"中兴事件"与"华为事件"作为切入点，让学生了解到如果没有芯片的强大，我们是没有底气的，只能任人宰割。我们要实现中华民族伟大复兴，必然要有强大的科技作为支撑，只有把核心技术掌握在自己手中，才能实现我国的经济安全与国防安全。通过本案例的讲解，一方面让学生对单片机的认识更全面，另一方面增加了学生学习单片机知识的积极性。

案例2　单片机硬件结构与工作原理
——团队合作与协同精神

【课程名称】单片机原理及应用
【教学内容】单片机硬件结构与工作原理
【案例意义】通过分析单片机内部晶振、程序存储器、数据存储器、运算器和其他外设共同工作的机制，揭示单片机硬件高效协作的本质，帮助学生理解团队合作与协同的重要性，激励他们在学习和未来的职业发展中培养协同意识与团队精神。

教学过程

1. 问题导入

通过提问导入,单片机的硬件结构中,各个组件是如何协同完成任务的?如果其中一个组件无法按时完成工作,会对整个系统产生什么影响?紧接着,引导学生回忆单片机的主要硬件模块,包括晶振、程序存储器、数据存储器、运算器和输入输出外设,提问:你认为这些模块是如何有条不紊地工作,最终实现我们写的程序功能的?提出问题激发学生思考:单片机工作时的这种协调机制是否可以类比人类社会中团队协作的方式?

2. 讲授正文

(1)根据单片机结构的组成与工作原理给同学们分析单片机内部协同机制,例如:

晶振:系统的节奏控制器。晶振作为单片机的"时钟",为整个系统提供精确的时序信号。它像是乐队中的指挥,控制所有模块按照统一节奏工作。晶振的频率直接决定了 CPU 的工作速度。如果晶振停止工作或不稳定,单片机就会"失控",无法协调其他硬件模块。

程序存储器:提供任务指令。程序存储器保存单片机的指令,这些指令按照晶振的节奏被依次取出并送入 CPU。程序存储器的作用类似于团队中的规划者,为每个模块分配任务和执行顺序,确保整个系统有条不紊地完成目标。

数据存储器:共享信息的"中心仓库"。数据存储器用来存储程序执行过程中的中间数据和结果,它为 CPU 和其他外设提供一个共享的数据交换平台。它的角色类似于团队中的信息管理者,负责存储和分发关键数据,确保团队成员能够共享所需的信息资源。

运算器:核心的执行者。运算器负责执行程序存储器下达的任务,包括加减乘除、逻辑判断等操作,是单片机的"执行力核心"。运算器类似于团队中的技术骨干,它直接落实规划者的指令并提供解决方案。

输入输出接口:连接外界的桥梁。输入输出接口模块负责数据的输入(如传感器)和输出(如驱动电机),将单片机与外部环境联系起来。它的作用类似于团队中的沟通协调员,确保团队与外部环境能够顺畅交互。

(2)以一个具体任务——控制 LED 灯的闪烁为例,讲解单片机各模块的具体协作过程:

①晶振提供时序信号;

②程序存储器存储闪烁频率和控制逻辑;

③数据存储器保存当前 LED 状态;

④运算器根据逻辑判断是否需要改变 LED 状态;

⑤输出接口通过 IO 口控制 LED 点亮或熄灭。

如果任何一个模块出错(如晶振频率不稳、存储器数据出错、IO 接口失效),整个系统都会崩溃。

通过以上分析,引导学生思考,单片机的硬件结构像一个团队,各部分各司其职但又必须紧密协作,只有所有模块都高效运行,整个系统才能按计划完成工作。

3. 分析总结

通过单片机的硬件协作机制,帮助学生理解单片机每个模块(团队成员)都有独特的功能,但只有相互配合才能完成复杂任务。晶振为系统提供统一的节奏,类比团队协作需要明确目标和时间节点。每个模块的作用不同，但都是系统成功运行不可或缺的部分，强调团队中个体的价值。通过本案例，学生不仅学习了单片机硬件结构的知识，还能深刻领会团队协作和角色分工的重要性，为未来的学习和工作奠定思想基础。

案例 3　单片机中断系统
——赠人玫瑰，手有余香

【课程名称】单片机原理及应用
【教学内容】单片机中断系统
【案例意义】通过讲解单片机中断系统的运行机制，类比生活中学生在专注于执行自己的任务时，如何主动中断自己的工作去帮助他人，体现"赠人玫瑰，手有余香"的助人为乐精神，培养学生在团队中主动协作、互帮互助的意识。

教学过程

1. 问题导入

通过提问引入：在生活中，你是否曾经遇到这样的情况？当你在专心完成作业时，旁边的同学向你求助，请你帮助解答一个问题。你会如何处理？是继续做自己的事还是暂时放下任务去帮他解决问题？进一步提问：单片机的中断系统类似于这种情况——单片机正在执行主程序时，突然需要响应一个外部信号或完成一个紧急任务。它是如何有条不紊地处理这种情况的？通过问题导入，引导学生对中断系统和助人为乐精神进行思考。

2. 讲授正文

首先讲解中断系统的工作机制。单片机的中断系统是一种高效的硬件机制，当单片机正在执行主程序，而外部或内部事件需要立即处理时，它会暂时中断主程序的运行，优先完成紧急任务后再返回继续执行主程序。这一过程类似于学生在专注写作业时，主动停下来帮助其他同学解决问题。中断系统的关键在于能够"保存现场"，即记录当前任务的状态，以确保完成其他任务后能够无缝返回继续执行。

随后讲解中断的分类与优先级。中断可以分为外部中断和内部中断，外部中断如按键信号触发，内部中断如定时器溢出。单片机中断系统还设计了优先级机制，紧急事件的中断优先级高，会被优先处理。这与生活中的情境类似：当有多位同学同时请求帮助时，可以根据紧急程度决定先帮助谁。中断优先级的设计保证了资源有限情况下的高效调度。

然后讲解中断服务流程。单片机中断的运行包含以下步骤：当中断事件发生时，单片机会暂停主程序的运行，保存当前的运行状态（如寄存器值和程序计数器位置），然后跳转到预设的中断服务程序执行任务。完成后，它会恢复之前的运行状态，回到主程序继续运行。这种有条不紊的工作机制体现了单片机的高效协同能力，也类似于学生在帮助他人后迅速调整状态回归自己任务的能力。

最后将中断系统与助人为乐精神进行类比。中断系统的核心理念在于"暂时中断自己的任务，优先完成紧急任务，再回到原有任务"。这与助人为乐的行为高度相似。当学生在做自己的工作时，主动暂停去帮助需要帮助的同学，不仅能解决对方的问题，也能通过解释巩固自己的知识，体现了"赠人玫瑰，手有余香"的精神。这种双赢的行为不但促进了个人成长，也提升了团队的整体效率和凝聚力。

3. 分析总结

通过对单片机中断系统工作原理的学习，学生能够深入理解中断系统如何在主程序与中断任务之间高效切换，并通过优先级调度和现场保存机制，确保任务有序完成。这种机制不仅体现了单片机设计的科学性与灵活性，还引导学生思考在实际生活中，如何像中断系统一样，在完成自身任务的同时，主动帮助他人解决问题。帮助他人，不仅可以提升团队的整体效率，还能让自己在过程中学到更多，体现"赠人玫瑰，手有余香"的助人为乐精神。通过这一案例，学生能够培养协作意识和社会责任感，在学习和未来的工作中践行助人为乐、互帮互助的精神。

案例4　单片机实验
——实践出真知，实践长真才

【课程名称】单片机原理及应用
【教学内容】单片机实验
【案例意义】通过单片机实验教学（如 LED 灯控制、步进马达实验、RS232 串口通信等），引导学生认识实践在学习和创新中的重要性，理解"实践出真知，实践长真才"的内涵，激励学生通过实践将理论知识转化为实际能力，为未来解决复杂工程问题打下坚实基础。

教学过程

1. 问题导入

对学生进行提问：你是否曾经在课堂上学会了理论知识，但在实际操作时发现结果和预期不一致？你觉得这是因为什么？单片机实验又能帮助我们解决什么问题？通过这些问题引导学生思考实践的重要性，以及理论学习和动手操作之间的联系。同时强调，实践并非简单重复理论，而是通过动手操作验证知识、发现问题、解决问题的过程，进一步提出问题：在单片机的实验课程中，像 LED 灯控制、步进马达试验或矩阵键盘实验这些项目，为什么不仅要学会操作，还要深入理解它们的原理和应用场景？

2. 讲授正文

结合单片机课堂演示实验，向学生讲解单片机实验的重要性，通过实验，学生可以更直观地理解单片机的核心知识点，并培养实践能力、动手能力及解决问题的能力。

步进马达实验：感受硬件与算法结合的重要意义。在步进马达实验中，学生需要通过编程实现步进马达的精确角度控制和速度调节。这项实验不仅让学生学习了如何通过单片机控制复杂的硬件设备，还让他们直观感受到算法设计对控制效果的影响。在反复尝试和调整中，学生逐步认识到逻辑设计、资源分配和调试能力对实践项目的重要性。

RS232 串口通信实验：解决问题与提升能力。RS232 串口通信实验要求学生实现单片机与电脑之间的数据传输，过程中可能会遇到波特率不匹配、数据丢失等问题。通过排查和解决这些问题，学生不仅加深了对串口通信协议的理解，也大大提升了逻辑分析和解决问题的能力。这让学生体会到理论学习与实际应用的差异，同时认识到解决实际问题需要深入的思考和实践。

动态数码管实验：探索时序控制的精髓。在动态数码管实验中，学生通过程序实现多位数码管的动态显示，学习如何在有限硬件资源下进行高效时序控制。这项实验体现了软件与硬件协同工作的核心理念，学生通过调试和优化程序，更加深刻地理解了时序控制的精髓。这种动手实践的过程帮助学生认识到协调不同模块工作的重要性，也培养了他们在复杂系统中综合运用知识的能力。

向学生介绍高速列车研究中心团队在新疆铁路上开展轮轨磨耗试验与列车大风试验时，利用单片机及相关接口技术解决轮轨力、风载难以测量的问题，为解决工程实际问题提供了大量的实验数据。针对列车小半径曲线轮轨磨耗与安全行车问题提出了轨道参数、轮轨廓形参数优化方案与车辆限速要求。针对大风行车的安全性问题，提出了防风设施的改进措施与列车气动外形的优化设计方案。通过以上讲解引导学生将单片机知识应用于解决实际工程问题，提高学生的学习兴趣与探索能力。

在随后的单片机实验课程中，学生将从动手实践中深刻认识到理论知识的局限性和实践操作的复杂性。在反复调试和改进中，他们不仅加深了对单片机知识的理解，还提升了解决实际工程问题的能力。这一过程体现了"实践出真知，实践长真才"的内涵。

3. 分析总结

通过单片机实验，学生能够将抽象的理论知识转化为具体的工程能力。在实践中，他们学会了如何发现问题、分析问题并最终解决问题，体会到动手的重要性和乐趣。实验的过程培养了学生严谨求实的科学态度和创新意识，同时帮助他们牢固树立"实践出真知，实践长真才"的理念。引导学生将这一理念融入学习和未来的工作中，敢于探索、勇于创新，用实践锻造真才实学，为解决实际工程问题打下坚实基础。

10

工程流体力学

教学内容和思政融合设计

序号	教学内容	思政映射与融入点	编者
1	知识点：流体运动的描述方法	案例1：流体运动的描述——换个视角辩证看问题，打破思维枷锁求真理	张洁、章易程
2	知识点：黏性流体管内流动	案例2：黏性流体流动状态——透过现象看本质	张洁、章易程
3	知识点：工程流体力学的实际应用	案例3：中国高速列车气动外形设计——中南交通人的担当与智慧	张洁、杨明智
4	知识点：牛顿内摩擦定律	案例4：从牛顿内摩擦定律的推导中学习——立志成为科技创新人才	章易程、杨明智、张洁

案例1 流体运动的描述
——换个视角辩证看问题，打破思维枷锁求真理

【课程名称】工程流体力学

【教学内容】流体运动的描述方法

【案例意义】阐释两种运动描述方法——拉格朗日法和欧拉法的概念，在此基础上引入流线与迹线的定义和区别，启发学生培养辩证思维，鼓励学生打破思维枷锁，培养创新意识。

教学过程

1. 问题导入

提问学生应该如何描述物体的运动。以河流举例，如果观察者跟随一小朵浪花运动，观

察其流动的全过程，便可以知道这朵浪花任意时刻的运动状态。而如果是岸边的观察者，他看到的是河岸前奔腾不息的河流，只会记录下每时每刻岸边水流的状态。正所谓"奔流到海不复回"，已经流逝的河水无法再被看到。两种运动描述方法，一个着眼于物质本身即质点，一个着眼于区域，即固定的流场，请同学们思考两种方法得到的信息有什么不同。

2. 讲授正文

首先介绍流体质点、流场、空间点以及空间点的物理量这几个基本概念，在此基础上，阐明拉格朗日法和欧拉法两种运动描述方法的定义与异同。拉格朗日法又称随体法，是研究固体运动的常用方法。拉格朗日法从分析流场中个别流体质点着手来研究整个流体运动，通过跟踪流体质点(例如，河水中的一朵浪花)，描述各流体质点在不同时刻的位置和速度、加速度等物理参数。欧拉法又称局部法，着眼于流场，从分析流场中每一个空间点上的流体质点的运动着手，来研究整个流体的运动。在之前的例子中，通过观测某一空间的河流，可以得到空间中每一点的河水流速、压力和密度等物理量。

接着，根据定义，推导拉格朗日坐标系下和欧拉坐标系下位移、速度、加速度的数学表达式。通过欧拉法下加速度的推导引入当地导数、迁移导数、哈密顿算子的定义。完成该小节知识点的讲解后，引导同学们思考对坐标系的不同选取所带来的巨大差异——对固体运动，拉格朗日法有着举足轻重的地位；而对流体运动尤其是仿真计算，欧拉法得到的方程使得求解大大简化。两种运动描述方法实际上代表着两种思维、两种看待问题的方式，启发学生理解辩证思维的重要性。对于一个问题，往往存在着多种解法，不要局限于思维定式，从主要矛盾入手，巧妙选取切入点、"坐标系"，往往能取得惊人的效果。在科研中，许多创新，例如波粒二象性、相对论的提出，都来源于换个视角看问题。

最后，引入迹线和流线的概念。对初学者来说，迹线和流线容易混淆，因此可以在拉格朗日法和欧拉法的基础上阐述迹线和流线的区别。迹线是对流场中某一质点运动轨迹的描述，属于拉格朗日法，表示同一流体质点在不同时刻所形成的曲线。流线则属于欧拉法下对运动的描述，是某一瞬时在流场中所作的一条曲线，在这条曲线上的各流体质点的速度方向都与该曲线相切。然而在恒定流中，流线和迹线是重合的。

3. 分析总结

拉格朗日法和欧拉法，流线与迹线，代表着对同一物体的两种运动描述方式。两种方法基于不同的坐标系，带来的信息各有侧重。对于某些复杂问题，转变坐标系能够大大简化求解流程。通过将课堂知识点与辩证思维、创新意识巧妙结合，使其相辅相成，并在课堂讲授中融入科学史观，使学生对两种运动描述方法和创新思维方法有更深刻的理解和感悟，进一步体会到打破思维枷锁、换个视角辩证地看待问题的重要性。

案例 2　黏性流体流动状态
——透过现象看本质

【课程名称】工程流体力学
【教学内容】黏性流体管内流动

【案例意义】通过介绍不同雷诺数下流体不同的流动状态，培养学生"透过现象看本质"的思考能力，引导学生学会思考，不要局限于眼前，而要思考表象之后的深层次内涵与外延，养成深度思考的习惯，培养探索精神，增强专业自信。

教学过程

1.问题导入

自然界的空气和水作为两种常见的流体，无色无味，难以察觉。那么怎么去确定空气或者水在流动呢？先看一个视频，一个装满水的气球，扎了一个洞，水从其中流出时，水柱看起来就像是静止的，这是怎么回事呢？

2.讲授正文

首先请同学们看一段视频。从这个视频里面，大家能否看出从气球里面喷射出来的水柱是流动还是静止的？实际上，水流一直在流动。如果用手去触碰水柱，就会发现有较为显著的水流变化，这样就看出来水在流动。这就是流体在流动过程中呈现的两种不同的流动状态。在视频中当液体自然流出时，此时水柱不动，液体属于层流状态；用手阻挡出现水流，这时流动状态发生改变，水的能量在遇到手的阻挡时发生了能量损失，变得紊乱，因而流动复杂，流动处于湍流，更容易判别出来。

接着介绍流体流动状态发生变化的原因，引出黏性力。流体微团的运动主要受到惯性力与黏性力的作用。假设两种力的极端状态，引出流体的两种流动状态，即层流与湍流。介绍英国科学家 O. Reynolds 利用玻璃管进行的流体转捩试验，Reynolds 明确指出管中存在层流和湍流两种流态，并用无量纲数——雷诺数判断流态。

最后介绍雷诺数的定义及物理意义。雷诺数表示流体的惯性力与黏性力比值，惯性力的作用促使质点失稳，扰动放大；黏性力的作用是对质点起约束作用，遏制扰动。雷诺数越大，表示惯性力越大，流体失去稳定，处于湍流状态；反之，则为层流。通过雷诺数的定义，希望同学们明白科学研究的核心是"透过现象看本质"。雷诺数虽然只是一个公式，但它揭示了复杂流动现象的深层规律，要从实验现象看到液体流动状态为什么会发生如此大的变化，其中的原因又是什么。

3.分析总结

通过总结 O. Reynolds 的试验现象及理论意义，强调雷诺数对流体流动的重要性，指出雷诺数在管道运输、航空器设计中的意义，教导学生理解流体流动的基本规律，引导学生培养"透过现象看本质"的科学思维方式，激励学生在学习和实践中不断进步，为国家和社会的发展贡献力量。

案例3　中国高速列车气动外形设计
——中南交通人的担当与智慧

【课程名称】工程流体力学
【教学内容】工程流体力学的实际应用

【案例意义】列车作为我国交通模式中重要的媒介之一，在日常出行中占据着十分重要的地位，尤其近些年列车车速的大幅度提升，极大地缩短了两地间通行时间，填补了中距离旅行交通工具的短板。本课程从工程流体力学的角度出发，介绍我国列车的气动外形设计的发展历程，有助于学生深化理解所学知识的工程应用价值，从而增强学生的专业自信和专业自豪感，培育爱国主义情怀，增强民族文化自信。

教学过程

1. 问题导入

列车的外形各式各样，但总的来说，低速车比较"钝"，高速车比较"顺"，这是基于什么原理呢？我们周围满是"看不见、摸不着"的空气，这些空气与运行的列车间会形成怎样的相互作用？为什么在列车低速运行时，由空气与列车相对运动所形成的气动问题常常被忽视，而当列车高速运行时，又不得不考虑这个问题？解开这个谜团，需要走近扎根奋斗在我国轨道交通空气动力研究领域的科研团队。

2. 讲授正文

工程流体力学在轨道交通运载工具方面得到了广泛应用，极大支撑了我国列车从无到有、从小到大、从大到强，从追跑、并跑到领跑的发展历程。中南大学交通运输工程学院轨道交通空气动力学科研团队从 20 世纪 90 年代开始，积极服务于我国自主高速列车的研发工作。在 20 世纪 80 年代，我国旅客列车平均速度仅为 48 km/h。因此，1990 年，原铁道部决定将广深线作为试点，修建 160 km/h 准高速铁路。广深准高速铁路于 1994 年通车运营，中国的高铁梦正式启航。借此强调，大学时期也是学生中国梦的起点，应树立起为国家、为人类社会服务贡献的理想。接着阐述自主研发的时速 200 km 的大白鲨号（我国第一台高速动力集中式动车组）、蓝箭号、先锋号、时速 270 km 的中华之星等一系列自主设计生产、投入运营的流线型列车，以及 2003 年正式通车运营的我国第一条高速客运专线秦沈高速铁路，以空气动力为主导的流线型车头设计理念逐步凸显。以此鼓励学生强化自主创新意识，只有努力拼搏才会有新技术的逐步提升。

为进一步加快高速铁路的发展，2004 年铁道部落实国务院"引进先进技术、联合设计生产、打造中国品牌"的关于铁路机车车辆装备发展基本方针，博采众长，与加拿大庞巴迪（CRH1 型）、日本川崎（CRH2 型）、德国西门子（CRH3 型）、法国阿尔斯通（CRH5 型）协议生产动车组，大体涵盖了世界主要的动车组技术。此时的高铁技术更为先进、列车运营速度更高，但我国在技术方面相对缺乏主导权，亟待开展自主创新突破，后来 CRH380 系列高速列车应运而生。但四个平台、十七种车型无法实现互联互通，极大地增加了运维成本。以低阻低噪为标志的"复兴号"高速列车登上历史舞台，着力解决互联互通、中国高铁标准体系制定，以及广域、长距离、持续高速运行带来的安全性、可靠性和舒适性等核心问题，迈出从追赶到领跑的关键一步。随后，中国第一条采用北斗卫星导航系统设计速度 350 km/h 的智能化高速铁路——京张高速铁路修建完成，智能京张高速列车在 CR400BF 型动车组基础上，主要从流线型车头、外风挡、转向架区域等方面进行优化设计，降低气动阻力约 9%，中国高铁进入世界领跑阶段。这极大增强了学生敢为人先、乘风破浪才能归一统的专业自信和自豪感，使其树立爱国主义情怀，增强民族文化自信。

在建设中不断创新,将科技成果和智慧思维融入铁路自主创新中,我国实现了列车速度从时速 20 km 到时速 350 km 的飞跃发展与高铁里程从 0 到 4 万 km 的突飞猛进,完成了由"中国制造"向"中国创造"的转变。通过从跟跑到并跑再到领跑的飞跃式发展历程,中国高铁俨然成为一张亮眼的名片,成为铁路高尖端技术的代表。

最后结合所授课程内容,结合自身所感,让学生完成不低于 500 字的心得体会,进一步明确工程流体力学在高速轨道交通运载工具方面的气动设计的重大作用,深刻体会"高铁是中国的一张亮丽名片"的内涵意义,增强专业自豪感。

3. 分析总结

以教师所在科研团队取得成果的经历着重开展课程思政教育,让学生明白我们的高端技术是先辈一步步突破、一步步创新而来的。这些技术其实与学生的距离并不是那么遥远,这就避免了生搬硬套地举例,从而做到课程与思政结合,进行"润物细无声"式的教育。通过介绍我国高速列车从跟跑到并跑再到领跑的飞跃式发展历程,进一步提升学生们的民族自信心和国家自豪感。作为青年一代,中国高速列车的发展历史告诉我们,只要找准了适合自身的发展道路,努力进取,自主开展科学研究,就能实现自我提升,为社会创造价值。当然在实际课程授课中,应努力建立与学生间的心灵同步关系,形成思想认同、专业认同、价值认同,更好地发挥课程案例的有效性、指导性和可建设性,从而在教学过程中潜移默化地引导学生、培养学生,达到课程不脱离思政、思政不干扰课程的目的。

案例4　从牛顿内摩擦定律的推导中学习
——立志成为科技创新人才

【课程名称】工程流体力学
【教学内容】牛顿内摩擦定律
【案例意义】培养学生的创新意识与创新思维能力。

教学过程

1. 问题导入

科技创新人才是指具备在科技领域进行创新的能力和素质的人才。他们是在科技领域中取得成就的领航者和推动者,拥有强烈的创新意识与非凡的创新思维。本案例通过讲述牛顿内摩擦定律的推导过程来引导学生体会如何成为科技创新人才。

2. 讲授正文

牛顿是经典力学之父,不仅发现了大家熟知的万有引力定律与三大定律,还发现了流体的内摩擦定律。

牛顿在研究流体进行一维流动的摩擦力时,首先假想了一个能分层流动的静止流体,并在其上托起一个很轻的平板,平板上受到一个水平推力将平板匀速推动时,观察到板子下面流体的流速(或位移)大小呈线性变化,然后改变以下参数的取值:①平板底面的面积;②流体的高度;③平板移动的速度。接着,绘制各参数与测得平板推力关系的曲线图。最后,通过分析发现：平板的推力与流体的高度成反比，与平板移动速度成正比，与平板的底面积成正比。由于推动平板匀速运动的力与流体作用于平板底面的力大小相等、方向相反，于是可以认为流体作用于平板底面的力 F 也是与流体的高度 h 成反比，与平板速度 U 成正比，与平板的底面积 A 成正比。考虑到流体对平板的作用力是通过水平方向的摩擦力来实现的，于是牛顿设置动力黏度 μ 为比例常数，于是就得出了宏观的牛顿内摩擦定律，$F=\mu AU/h$。

牛顿观察到流层之间也存在速度差别，便根据上述宏观的摩擦力公式，根据相对运动原理，把平板的速度改为相邻两个流层的速度差，用 du 表示，把流体的高度改为相邻两流层的距离，用 dy 表示，于是就得到流层上内摩擦公式由 $F=\mu AU/h$ 变为 $F=\mu \dfrac{du}{dy}A$，这属于流层之间的微观内摩擦公式。进一步，牛顿还要考虑流体内某一点在运动方向上的摩擦力，于是把面积同除以等式的两端，从而得到了用剪应力表达的流体内每一点的内摩擦定律为 $\tau=\mu \dfrac{U}{h}$。无论是流层之间的内摩擦力定律还是流体内部某一点任一运动方向的内摩擦定律，都属于内摩擦定律的微观表达。

我们追随牛顿发现内摩擦定律的思路，可以得到哪些启发呢？①我们应该学会向自然界学习，为人类社会创造新知识，成为推动人类进步的原创力量。②我们应该学习牛顿科学的思维：先建立模型进行实验研究；针对实验结果反映的规律以公式的形式来表达；从宏观到微观进行深入研究。

3.分析总结

我们借助课程教学的契机，注重培养学生运用所学知识解决实际问题的能力，尤其是科技创新的能力。世界著名的科学家在科技发明的过程中，都体现出非凡强烈的创新意识与非凡的创新思维。在教学中提炼创新意识与创新思维两方面的相关内容来引导学生进行学习，有利于把学生培养成科技创新人才。

11

轨道工程施工养护技术与装备

教学内容和思政融合设计

序号	教学内容	思政映射与融入点	编者
1	知识点：铁路线路的动态测量	案例1：铁路线路的动态测量——引进、消化与创新	傅勤毅
2	知识点：轨道维修标准与规则	案例2：轨道维修标准与规则——无规矩不成方圆	傅勤毅
3	知识点：桥梁工程机械化施工设备	案例3：桥梁工程机械化施工设备——不断创新是民族工业的生命力	傅勤毅
4	知识点：高速铁路维修技术	案例4：高速铁路维修技术——保持先进性，我们任重道远	傅勤毅

案例1 铁路线路的动态测量
——引进、消化与创新

【课程名称】轨道工程施工养护技术与装备
【教学内容】铁路线路的动态测量
【案例意义】引进、消化与创新过程中的创新意识培养。

教学过程

1.问题导入

轨道几何形位是指轨道各部分的几何形状、相对位置和基本尺寸。轨道几何形位按照静态与动态两种状况进行管理。静态几何形位是轨道不行车时的状态，可采用道尺及铁路轨道检查仪等工具测量。动态几何形位是行车条件下的轨道状态，可采用轨道检查车测量。

轨道检查车是检查轨道病害、指导轨道维修、保障行车安全的大型动态检测设备，也是实现轨道科学管理的重要手段，为此各国铁路都重视轨检车的开发和应用。

2. 讲授正文

（1）国外轨道动态测量的发展历程

1877年，第一辆轨检车诞生，至20世纪40年代，瑞士、联邦德国、美国、法国、日本都有了轨检车。早期的轨检车主要为接触式机械轨检车，测量速度低、项目少、技术落后，采用弦测法检测。20世纪五六十年代，轨检车向电气式转变，测试仪表电子化、项目增加、速度提高，并开始应用惯性原理检测方法。

20世纪70年代以来，轨检车发展极快，美国、日本等许多发达国家相继研究各种先进的轨道检测技术和新的测量原理等，如：惯性原理，光电、电磁、电容等无接触传感器；伺服跟踪、自动补偿及修正技术在轨检车上广泛应用，车载计算机进行轨检数据处理，提高了检测精度和速度，增加了检测功能。

20世纪80年代以来，激光、数字滤波、图像处理等在轨检车上应用更加广泛。以计算机为中心，对轨检信号进行模拟及数字混合处理，保证轨检结果不受列车速度和运行方向的影响。采用数字滤波技术，扩大了轨道不平顺可测波长的范围，改善了轨检系统的传递函数特性，大大提高了检测的精确性和可靠性。

（2）我国轨道动态测量的发展历程（图11-1）

20世纪50年代，弦测法，机械传动式——1型轨道检测系统；

20世纪60年代，弦测法，电传动式，人工判读超限——2型轨道检测系统；

20世纪80年代，惯性基准法，组合式系统结构，高低、水平、三角坑、车体垂直和水平加速度项目实时检测，缺少轨距轨向项目，计算机评分——GJ-3型系统；

20世纪90年代初期，全参数的检测系统——GJ-4型系统。

图11-1 20世纪90年代前的动态检测车

（3）我国轨道动态测量加速发展的态势

20世纪90年代中期，惯性基准法，捷联式系统结构，新增了轨距、轨向、超高、曲线半径等检测项目，使用计算机处理全部数据。90年代中后期，铁路大提速，吊梁式伺服跟踪轨距梁振动冲击大，维修工作量大，存在安全隐患，采用钢轨摄像构架检测梁，推出GJ-4G型系统。

2000年以后，引进激光摄像式，采用惯性基准法，将检测梁安装在转向架上，增加了检测梁的安全性能，实现了高速运行条件的安全检测功能。（图11-2）

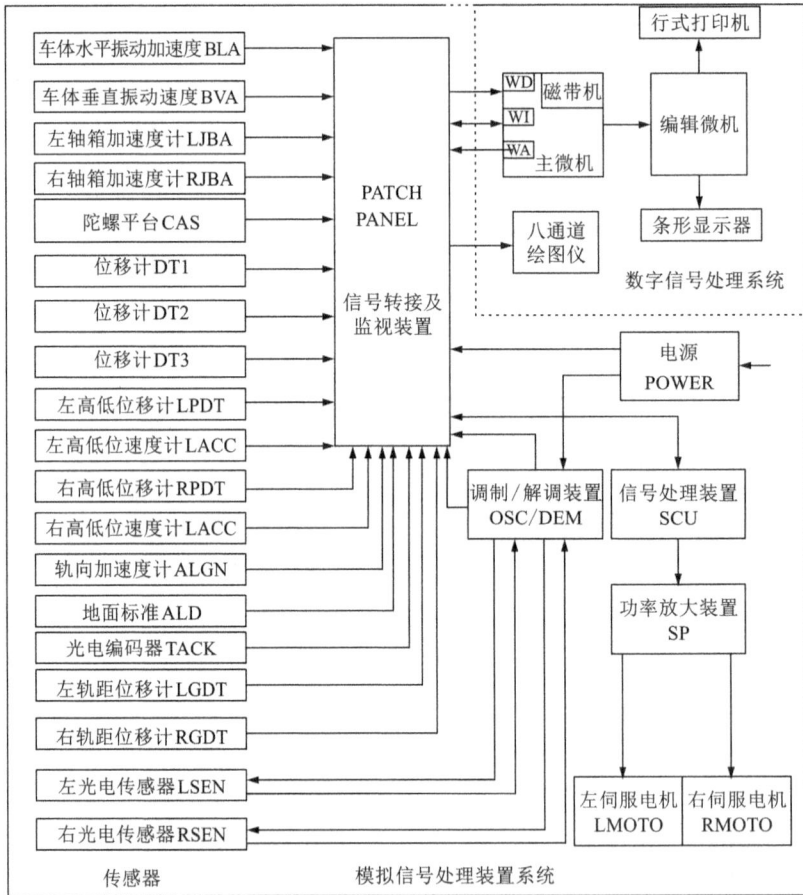

图 11-2 2000 年前后的动态检测车

2008 年 6 月 6 日，0 号高速综合检测列车下线，2011 年 5 月 5 日，CRH380B-002 出厂。GJ-6 型轨道检测系统具有显著特点：激光摄像式技术，基于惯性基准法进行测量，配备高速数字摄像机，检测梁组件设计轻巧，具备长波检测能力，最高时速 400 km，由中国铁道科学

研究院完成系统集成。（图 11-3、图 11-4）

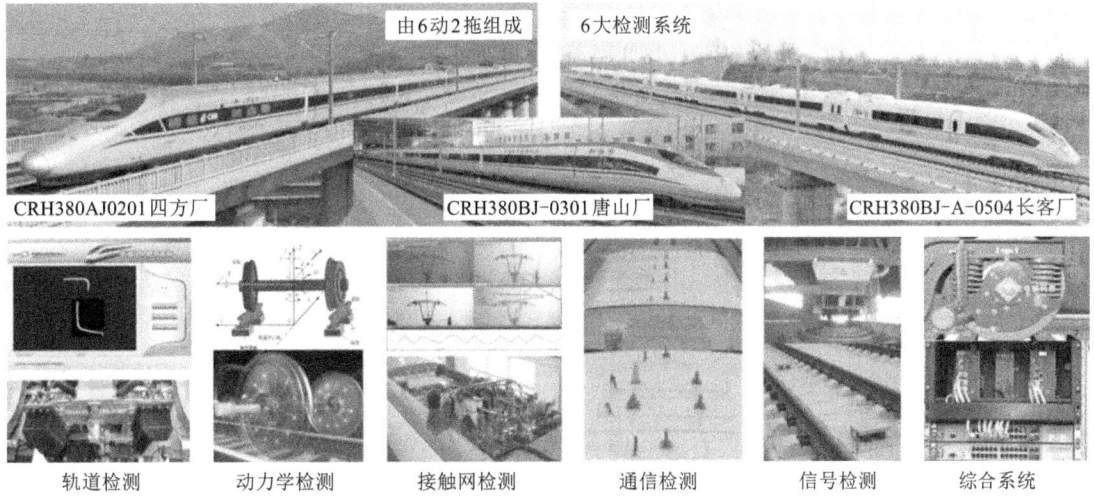

图 11-3　2008 年后高速综合检查列车

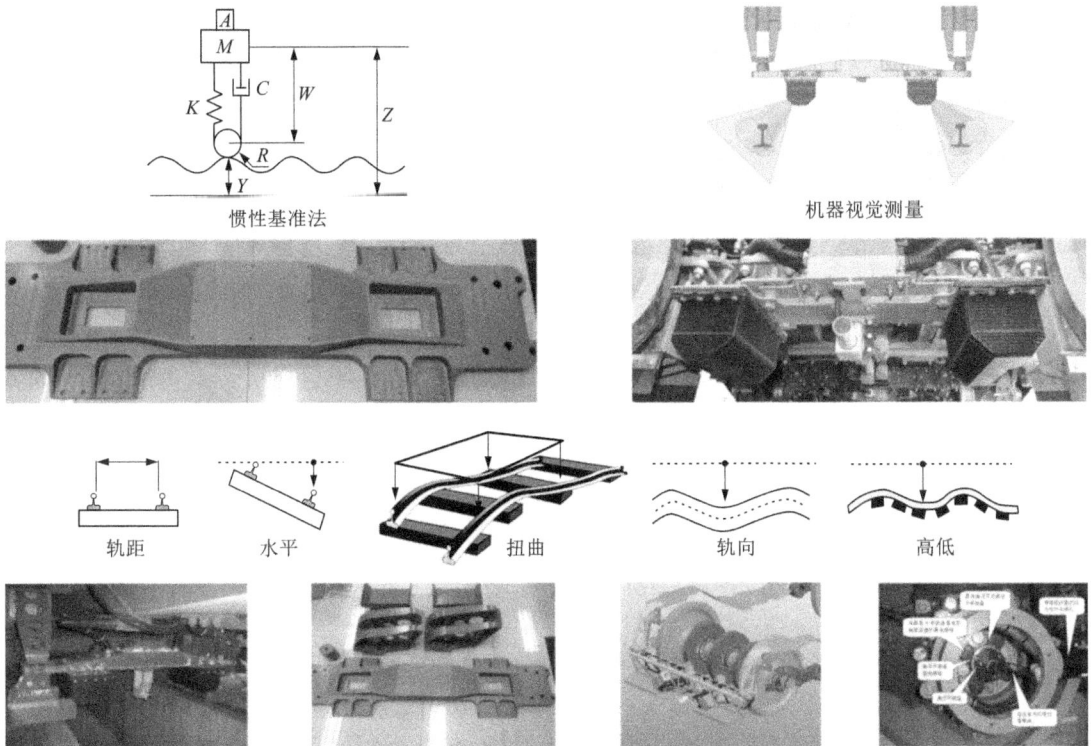

图 11-4　GJ-6 动检车的核心技术

（4）行业发展趋势

高速：中国的检测速度为 400 km/h；法国的 IRIS320 检测速度为 320 km/h，美国的 Laserail 为 300 km/h；日本的 East-i 为 275 km/h；意大利为"阿基米德"为 220 km/h；英国的 NMT 为 200 km/h。

综合检测：动车组集成各种检测设备，检测范围涵盖钢轨、轨道几何、轨枕、扣件、工务道床、隧道、路基、限界，以及电气化设备和通信信号设备。

大数据：单元大量数据采集，冗余性多源性数据、车载数据综合处理，与地面信息交互，大数据综合分析处理及管理。

新技术：广泛应用惯性导航、卫星导航、通信/互联网、GIS、激光视觉、探地雷达、摄影测量、超声波技术；多学科交叉融合；机械工程、交通运输工程、土木建筑工程、测绘科学、电子信息工程等学科相互渗透。

（5）走出国门

雅万高铁是印尼和东南亚的第一条高铁，全长 142.3 km，最高运营时速 350 km，于 2018 年 6 月全面开工建设。这是"一带一路"建设和中国、印尼两国务实合作的标志性项目，也是中国高铁首次全系统、全要素、全产业链在海外建设项目，全线采用中国技术、中国标准。印尼当地时间 2022 年 11 月 16 日，国家主席习近平和佐科总统见证了第一列崭新亮丽的综合检测车缓缓驶出德卡鲁尔车站并逐渐加速前行。综合检测车对雅万高铁德卡鲁尔站至 4 号梁场间线路进行了全面检测，获取的各项指标参数表现良好。这标志着中国和印尼合作建设的雅万高铁首次试验运行取得圆满成功。

3.分析总结

新型基础设施赋能智慧发展，显著增强兴安强安保障能力。加大智能检测监测安全保障的技术应用力度，有助于提高铁路系统运行状态的自感知能力、设备故障自诊断能力、导向安全的自决策水平。动态检测车是高速铁路的第一道安全门，其重要性不言而喻。本案例介绍了大型装备以引进、消化、创新到最后达到世界领先水平的发展历程。这一成果凝聚了科技工作者的辛勤付出，不仅为我国高铁安全筑牢了坚实根基，也有力推动了全球相关技术的进步。

案例 2　轨道维修标准与规则
——无规矩不成方圆

【课程名称】轨道工程施工养护技术与装备
【教学内容】轨道维修标准与规则
【案例意义】无规矩不成方圆，理解标准的重要性。

教学过程

1.问题导入

为了确保列车安全、平稳、舒适运行，必须构建一套稳定、可靠、平顺的线路设备体系。

线路设备修理的基本任务是通过科学合理和经济的维修策略,保持和恢复线路设备安全性、可靠性。在铁路新建及其后续运营养护中,相关标准、规则是至关重要的基础支撑,要始终保持先进性。

2.讲授正文

我国经过 6 次大提速后,总结了铁路维修的经验。2006 年,铁道部发布了《铁路线路修理规则》(铁运〔2006〕146 号),2019 年对其进行了修订,并更名为《普速铁路线路修理规则》,2022 年增补《普速铁路线路修理规则补充规定》。线路设备修理的基本任务是通过科学合理和经济的维修策略,保持和恢复线路设备安全性、可靠性。实行检、养、修分开,大力推进检测、修理专业化建设;积极推行工务、电务、供电等专业日常维修一体化管理,促进专业管理和综合管理融合。

在高铁发展初期,我国处于探索前行阶段,于 2012 年 4 月颁布《高速铁路无砟轨道线路维修规则(试行)》,2013 年 2 月颁布《高速铁路有砟轨道线路维修规则(试行)》。它们是在我国高速铁路运营初期制定的,贯彻以"严检慎修"为主线的高铁维修理念,对指导我国高速铁路线路维修和安全管理起到了重要作用。2023 年 6 月 5 日,国家铁路局印发《高速铁路线路维修规则》(国铁设备监规〔2023〕15 号),于 2023 年 7 月 1 日起施行。

关于《铁路应用 轨道几何质量》标准的制订和应用,国外走在前列:欧盟《铁路应用 轨道·轨道几何质量》BS EN 13848 系列标准、国际铁路联盟(International Union of Railways)UIC Leaflet 518、美国联邦法规《铁路线路安全标准》(49 CFR Part 213)等均具有代表性,为他们各自的行业发展奠定了基础。

历时 3 年多时间召开了 13 次工作组会议,2022 年国际标准化组织(ISO)发布《铁路应用 轨道几何质量 第 1 部分:轨道几何及其质量描述》(ISO 23054-1:2022),这是由我国国家铁路局组织、我国主持制定的 1 项 ISO 铁路轨道质量检测领域国际标准,我国铁路标准国际化工作取得新成果。该标准以我国铁道行业标准《轨道几何状态动态检测及评定》(TB/T 3355—2014)、《高速铁路无砟轨道不平顺谱》(TB/T 3352—2014)为基础,融合了欧洲、日本等国家和地区的国家标准,纳入了国际上广泛采用的轨道几何参数定义,增加了复合不平顺处理方法、轨道谱评估方法等我国特色技术,为提高轨道平顺性评价水平、保障铁路运输安全提供了技术支撑,填补了铁路轨道质量检测国际标准的空白,为丰富世界铁路轨道几何检测与评估技术贡献了中国方案。

3.分析总结

铁路轨道是承载者,是轨道交通安全运营的保障,要确保列车在长时间运行中的稳定性和可靠性。无规矩不成方圆,轨道养护必须遵守相关的规则和标准。本教学案例说明了行业标准规则的重要性,引导学生重视标准及规则并积极投身其中,同时说明标准规则的制定需要以强大的技术为后盾,唯有凭借坚实的技术后盾主导制定标准及规则,方能占据领先地位,成为行业的领跑者。

案例3　桥梁工程机械化施工设备

——不断创新是民族工业的生命力

【课程名称】轨道工程施工养护技术与装备

【教学内容】桥梁工程机械化施工设备

【案例意义】不断创新是民族工业的生命力。

教学过程

1. 问题导入

铁路建设的特点是"逢山开路，遇水架桥"，线路跨过洼地、干沟或铁路与公路立桥时需要修筑桥梁。隋朝李春设计并参加建造的赵州桥具有1400多年的悠久历史，在现代，我国现代铁路建设中的桥梁同样保持着世界先进水平。桥梁架设装备是大桥施工的必备机械设备，在高铁建设中发挥了重要作用。

2. 讲授正文

中国地理环境复杂多变，高铁线路多采用"以桥代路"的设计，使得架桥机的需求越来越大，种类也不断更新。

伴随国家铁路建设发展，铁路架桥机也走过了一条曲折漫长而辉煌的路。

1953年，国产吊重65 t的悬臂架梁式65-53型架桥机在山海关桥梁厂验收出厂；1958—1959年，分片架设再合成的130 t/32 m钢筋混凝土梁的悬臂架梁式130-58型和130-59型架桥机先后制成使用；1966年，起重量为130 t的简支架梁式66型架桥机在大连机车厂制成两台，分赴在建的成昆铁路南北两端，交付铁道兵和中铁二局使用；20世纪70—80年代，试制了一批胜利型与战斗型130 t架桥机，以及双梁（机臂）式的成都130型和广州130型；20世纪90年代，试制了以空中横移二梁片先后一次落梁到位取代墩上横移梁片三次到位的JQ-130型、JQ-160型、DJK-140型的单梁机臂简支式架桥机和长征Ⅲ型双梁机臂简支式架桥机。（图11-5）

图11-5　JQ130、JQ-160架桥机

　　秦沈客运专线建设中，中国铁路工程总公司与中国铁道建筑总公司各研究设计了一套架桥机和运梁车，以8台套运架设备完成了全部近60 km的架梁工程。(图11-6)

图11-6　秦沈客运专线使用的JQ600型架桥机

　　进入新世纪后，2007年3月，合宁客专实现了中国铁路900 t箱梁首架，其技术达到了国际先进水平。(图11-7)

图11-7　JQ900架桥机

　　在高铁建设中，架桥机更是日新月异，JQ450城际箱梁架桥机应用于成灌城际建设中；JQ700城际箱梁架桥机应用于广珠城际建设中；JQ550城际箱梁架桥机是为城际铁路及高铁连接线单线箱梁架设而专门研发的成套施工设备，2017年3月在连镇铁路首架成功；JQSS900B可变式过隧架桥机是我国第一台隧道内外箱梁快速架运设备，达到了国际领先水平；自行式模块运输车，是我国最大运输重量的4000 t级钢箱梁电液均衡模块运输车；YJ900运架一体机适用于山区铁路客运专线（桥隧相连）20 m、24 m、32 m双线整孔混凝土箱梁的架设,能在铁路客运专线混凝土箱梁预制现场吊运,并能够把混凝土箱梁从预制场地通过便道、路基、桥梁、涵洞运至架梁工位完成架梁作业。

2023年6月20日,朔黄铁路成功在4 h"天窗期"内完成了首孔预应力混凝土T梁的"换、运、架"全部作业,标志着世界首台铁路桥梁换运架一体机"太行号"正式投用。这也是世界范围内在运营铁路上首次实现不断线、不停运,达到"即换即通车",填补了世界铁路行业整孔换梁施工、"天窗期"完成线上作业的技术空白,为我国既有铁路的快速维养与快速迭代提供了安全可靠的装备与成套技术保障。(图11-8)

图11-8　铁路桥梁换运架一体机"太行号"正式投用

2024年12月19日,世界最大吨位1100 t运架一体式架桥机正式下线(出口韩国),整体技术达到了国际领先水平,一台主机即可实现提梁、运梁、架梁作业功能,架梁作业过程不需采取任何锚定措施。(图11-9)

图11-9　1100 t运架一体式架桥机

3. 分析总结

在高速铁路建设中，桥梁施工装备发挥着主力作用。架桥机、运梁车的研发应用适应我国工程实际情况和国情特点。随着交通强国建设稳步推进，科技水平不断提升，而且在相关政府职能部门的协调、组织和领导下，央企、国企和民营单位纷纷投身到这些设备的研发与使用之中。凭借各方努力，架桥成功率达到了100%，确保无安全事故，其技术达到世界领先水平，而这也正是中国人"敢上九天揽月，敢下五洋捉鳖"精神的具体体现。

案例 4　高速铁路维修技术
——保持先进性，我们任重道远

【**课程名称**】轨道工程施工养护技术与装备
【**教学内容**】高速铁路维修技术
【**案例意义**】保持先进性，我们任重道远。

教学过程

1.问题导入

无砟轨道（ballastless track）是指采用混凝土、沥青混合料等整体基础取代散粒碎石道床的轨道结构，是当今世界先进的轨道技术。无砟轨道避免了道砟飞溅，平顺性好，稳定性好，使用寿命长，耐久性好，维修工作少。高速铁路维修的依据是《高速铁路线路维修规则》，维修的原则是"预防为主、防治结合、严检慎修"。

2.讲授正文

无砟轨道有板式和双快式结构，由钢轨、轨枕、扣件、道床、道岔等部分组成，其中扣件发挥着重要作用，它将钢轨牢固地固定在支承体上，能有效缓冲自钢轨传递支承体的冲击力，具有必要的钢轨垂向和横向的调整量。

无砟轨道运营相当一段时间后，也会劣化，导致运行品质下降。我国主要采用的是精测精调的策略，通过更换扣配件的型号来优化轨道的平顺性。

高铁建设初期，引进了国外的 SFC 和 VOSSLOH 扣件系统。（图 11-10）

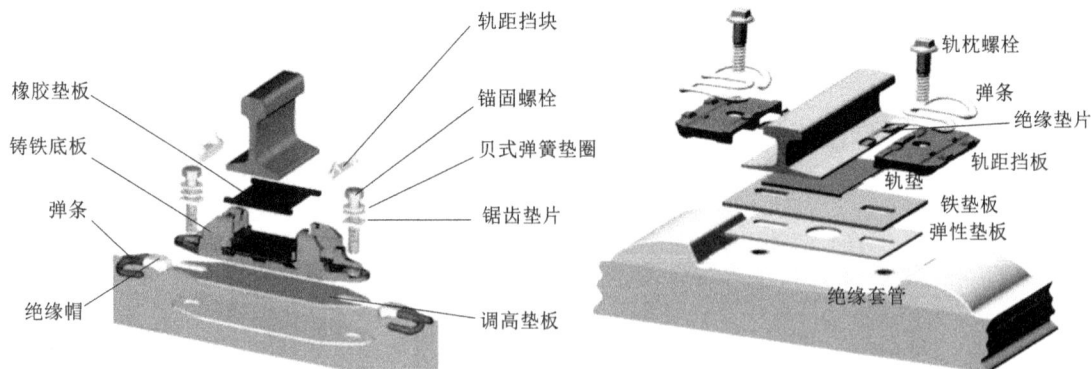

图 11-10　SFC 和 VOSSLOH 扣件系统

WJ-7 型扣件系统是在原 WJ-1、WJ-2 型扣件系统的基础上经多年深入研究和大量试验优化改进而成，桥上、隧道内、路基上轨枕埋入式（双块式轨枕和长轨枕）无砟轨道与板式无砟轨道均可应用。

WJ-8 型扣件系统是在原 VOSSLOH 300-1 型扣件系统的基础上经深入研究和大量试验优化改进而成，桥上、隧道内、路基上有挡肩轨枕埋入式无砟轨道和板式无砟轨道均可应用。（图 11-11）

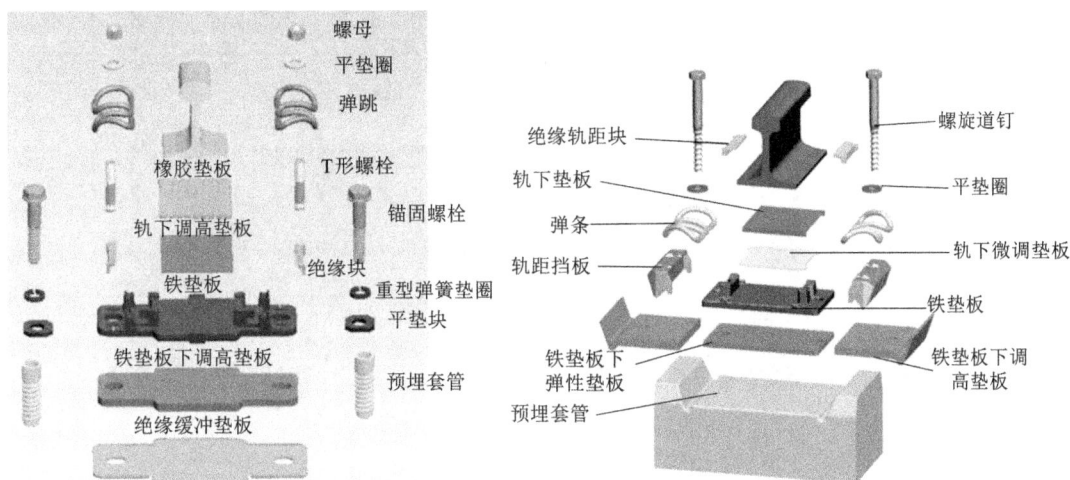

图 11-11　WJ-7 型和 WJ-8 型扣件系统

无砟轨道的运营维护中，精测精调的基本步骤为采用轨道检查仪对施工线路进行精确测量后，将测量成果导入无砟轨道调整优化软件，设计出每根枕木处扣配件的更换型号。施工时应该严格按照所设计的调整方案进行扣配件的更换。通过多年的实践，提出了单轨作业工法、双轨作业工法等高效的作业工艺流程。（图 11-12）

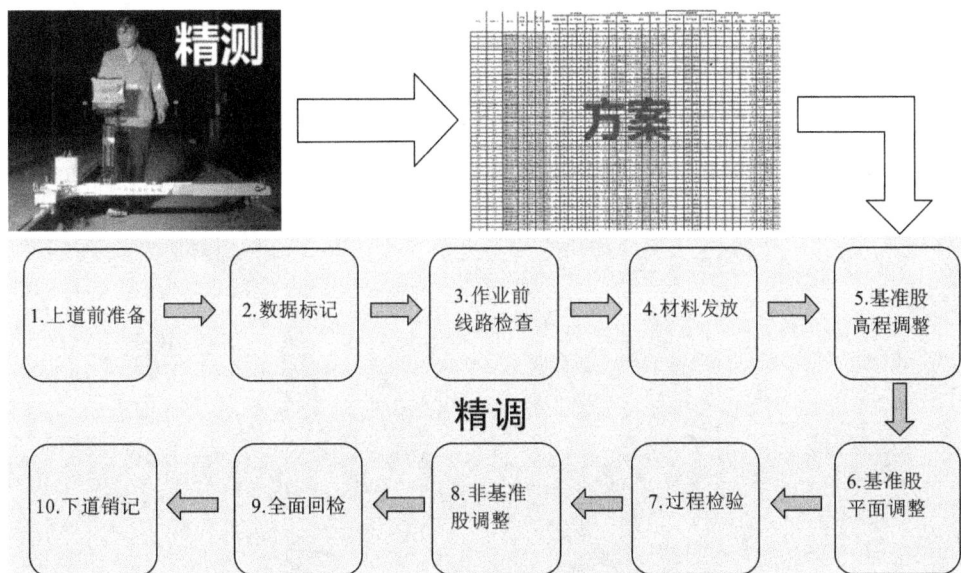

图 11-12　无砟轨道的精测精调

施工作业基本都在凌晨的"天窗点"完成，劳动强度大，作业环境艰苦，且作业的效率低下。（图11-13）

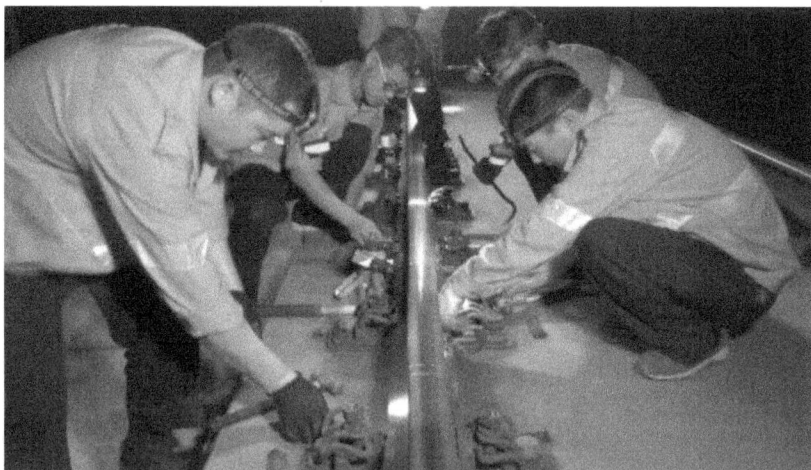

图 11-13   无砟轨道的精调施工

尽管提出了各种各样的无砟轨道精调施工工艺工法，但当前基本还是采用低端的人工作业方式，总体来说，无砟轨道建设和维修的精调作业都没有达到自动化程度。这应该引起我们广大科技工作者的高度重视。

3. 分析总结

我国的高铁事业发展得如火如荼，高铁技术不断进步，多年来领先世界，相关技术与设备迈向国际市场。如今，通过精测精调技术，轨道的平顺性达到前所未有的高度，平顺性指标稳步提升，高铁的乘坐体验也越来越好。这其中凝聚了科技工作者的突出贡献与大量铁路工务工作者的辛勤劳动。铁路工务人以钢铁般的意志坚守岗位，是铁路安全的守护者。在这个伟大的时代，我们应该向他们致敬，感恩他们的辛勤付出。同时，我们更应该有效利用科技手段，提高生产效率，降低劳动强度。但轨道精调自动化装备领域仍然存在空白，对科技者来说，填补相关领域空白，确实是任重道远。

12

轨道交通动力设计

教学内容和思政融合设计

序号	教学内容	思政映射与融入点	编者
1	知识点：绪论——内燃机在国民经济与国防建设中的地位与作用	案例1："双碳"目标下的轨道交通发展——自立自强，创新引领	张洁、王中钢
2	知识点：四冲程内燃机工作原理	案例2：内燃机的工作循环——借内燃进压功排特性，展轨交强国发展之路	张洁、王中钢
3	知识点：内燃机曲柄连杆机构	案例3：内燃机曲柄连杆机构的结构与运行——承压转动，铸就坚强体魄，书写精彩一生	张洁、王中钢
4	知识点：新型动力结构及工作原理	案例4：内燃机车支撑国家铁路发展由落后到引领——交通强国与专业自信	王中钢、张洁

案例1 "双碳"目标下的轨道交通发展
——自立自强，创新引领

【课程名称】轨道交通动力设计

【教学内容】绪论——内燃机在国民经济与国防建设中的地位与作用。

【案例意义】通过介绍我国"双碳"目标下轨道交通节能减排发展战略，帮助学生了解中国高铁节能优化的发展脉络，使其认识到高效内燃机对于中国高速列车节能减排发展战略的重要意义，激发学生对轨道交通动力设计发展研究技术的浓厚兴趣。

教学过程

1. 问题导入

2021年全国两会，碳达峰、碳中和（"双碳"）首次写入政府工作报告，"双碳"目标的提出推动了我国新一轮科技革命和产业变革。我国轨道交通系统庞大，随之而来的是巨大的能源消耗与极高的运行成本，因此，开展节能减排研究势在必行。中共中央、国务院印发的《交通强国建设纲要》指出要"强化节能减排和污染防治。优化交通能源结构，推进新能源、清洁能源应用"。在这一背景下，研究高热效率内燃机与油电混合动力助推轨道车辆节能技术发展，对我国高速列车有着重要意义。

2. 讲授正文

内燃机热效率的提升是内燃机研究的重大课题，以目前 46% 的内燃机行业平均热效率水平估算，热效率提升至 50%，燃油消耗将降低 8%，二氧化碳排放减少 8%。目前国内重型柴油机市场保有量 700 万台，以此估算，如果全部替换为 50% 热效率的柴油机，每年大概可节约燃油 3332 万 t，减少二氧化碳排放 1 亿零 495 万 t。

我国企业在提高内燃机热效率方面率先取得重大突破，潍柴集团通过自主研发，发明了协同燃烧技术、协调设计技术、排气能量分配技术、分区润滑技术、WISE 控制技术等多种专有技术，将柴油机的热效率提高到了 50.26%，为我国轨道交通领域内燃机车的发展提供了巨大支持。

油电混合动力机车(含动车组)，是指可以用柴油机和动力电池共同提供动力的机车，相比于传统的用柴油机单独作为动力的内燃机车，具有排放少、噪声小、能耗成本低等优势。油电混合动力机车的电池电荷量会跟随线路情况进行充放电，基本规律为上坡放电，下坡充电，在这种使用条件下，节能主要靠下坡能量回收实现。据统计，在整体趋势为起伏下降的线路上运行时，节油率可达 50%；反向运行时节油率依然可达 33%。

柴油机的燃烧做功会不可避免地产生污染，而氢能源是一种真正意义上的清洁能源，因此，氢-电混动机车应运而生。2021 年 1 月 27 日，由西南交通大学与中车大同电力机车有限公司联合研制的我国首台氢燃料电池混合动力机车成功下线，标志着我国氢能轨道交通技术取得关键突破。该车攻克了燃料电池混合动力系统集成、系统优化控制以及能量管理等核心技术，是混合动力机车研究的一项重大突破。

我国绿色混合动力机车发展迅速，处于世界领先地位。这些机车不仅提高了能源的使用效率，更在减轻环境污染、减少二氧化碳排放方面发挥了重要作用。例如中国北车集团研发的"和谐号"混合动力机车，不仅大幅度降低了油耗和排放，还在多条铁路线路上成功投入运营，取得了良好的经济和环保效益，为国家实现"双碳"目标贡献了轨道交通行业的重要力量。

布置课后讨论任务，让学生谈论自己所熟悉的轨道交通节能方式，从电力机车的发展到混合动力机车的内在原因，交流自己的心得体会。引导学生在加深对轨道交通发展现状认识的同时了解我国轨道交通节能发展战略，激发他们高效节能内燃机的研发热情，培养他们对于国家高速列车未来发展的责任感和使命感。

3. 分析总结

新时代大学生应看到我国在内燃机技术领域取得的飞跃发展，学会自立自强，以科技创新引领产业发展，对我国自身的技术充满信心，进而生发国家自豪感；同时，要为我国乃至世界轨道交通节能减排发展战略贡献自身的一份力量。

案例2 内燃机的工作循环
——借内燃进压功排特性，展轨交强国发展之路

【课程名称】轨道交通动力设计
【教学内容】四冲程内燃机工作原理
【案例意义】借内燃机工作循环这一微观视角，全景展现我国迈向交通强国的壮阔奋斗历程，为轨道交通领域注入鲜活生命力，培育时代新人，助力中华民族伟大复兴。

教学过程

1. 问题导入

我国在内燃机领域取得了重大突破，成功研制出我国首台氨/柴油双直喷二冲程内燃机原理样机。在2024年世界内燃机大会上，潍柴动力研发的全球首款本体热效率达53.09%的柴油机正式发布，这一技术攻克了高膨胀燃烧、混流增压、高效燃油喷射等关键技术，创造了最新世界纪录。高热效率内燃机有力助推了轨道车辆节能技术的创新发展，对我国内燃机车的发展有着重要意义。

2. 讲授正文

首先借奥林匹克原格言"更快、更高、更强"讲述内燃机的特性。"更高"体现在内燃机燃烧室能承受更高的温度和更高的压力。"更快"则是指发动机的转速，只有转速够高，内燃机才能驱动设备达到更快的速度。"更强"是体现在发动机各系统组件强度上，材料的强度足够大，内燃机的零件才不会变形。

接着介绍四冲程内燃机的构造和工作原理，着重讲述内燃机的工作循环，主要包含进气、压缩、做功、排气四个冲程，它们周而复始，推动机器持续运转。再由点及面，通过将内燃机的工作循环与国家交通发展类比，点燃学生的科研强国梦。

进气冲程：内燃机车发动机的进气门打开，活塞下行，外界新鲜空气被吸入气缸，为后续燃烧反应储备"生力军"。这就像我国交通强国战略启动初期，先是积极调研国际先进交通技术、理念，广泛吸纳各方资源，学习他国高铁建设经验，引进关键零部件制造技术，博采众长。

压缩冲程：进气门关闭，活塞上行，对气缸内空气进行强力压缩，使其温度、压力急剧升高。这可以对应再拓展到我国轨道交通领域：面对引进的技术，科研人员、铁路工人日夜钻研，对核心技术进行深度剖析、优化，将各方分散知识压缩汇聚成自主研发的能量，如对机车动力系统关键算法的攻坚，为突破奠定基础。

做功冲程：在压缩冲程末，喷油嘴向气缸内喷射燃油，燃油遇高温高压空气瞬间燃烧，产生巨大能量推动活塞下行，通过连杆带动曲轴旋转，转化为机车前进动力。联系我国高铁的发展，从借鉴到自主创新，研发出拥有完全自主知识产权的高速列车，以先进的动力系统、稳定的运行性能驰骋世界，这正如内燃机车做功冲程释放强大动力，拉动一列列火车满载货物、旅客穿梭，带动经济社会发展。

排气冲程：做功完毕，排气门打开，活塞上行，将燃烧后的废气排出气缸，为下一个工作循环腾出空间。我国交通建设也在不断淘汰老旧线路、落后运输装备和能耗高、运力小的老式内燃机车，代之以新型电力机车、高速动车组，让交通网络永葆高效活力。

巧妙抓住专业课程讲解内燃机车原理的时机，以专业知识为坚实载体，激活学生思维，引导学生自主探寻专业知识中的思政内涵，提升教育效果。内燃机车工作循环各环节紧密配合，任何细微偏差都会影响其性能，这启示学生，严谨的科学态度至关重要。各个环节紧密联系，相互配合，表明团队协作极具重要性，引导学生明白交通进步是综合国力提升的缩影，增强学生的民族自豪感，促使学生将个人成长融入国家交通等领域的持续奋进征程，勇于肩负时代重任。

3. 分析总结

内燃机工作循环展示了事物发展的周期性与连续性，它们相互依存、转化，可以让学生理解事物在矛盾运动中前进的道理，培养他们辩证看待问题的能力，如面对困难、挫折（压缩阶段）时，明白这是成长"做功"的前奏。通过类比，学生清晰看到个人成长各阶段对应的内燃机循环环节，领悟只有持续积累、突破，在社会舞台"做功"，才能实现人生价值的内涵意义，进而激发为梦想拼搏、为社会奉献的动力。

案例 3　内燃机曲柄连杆机构的结构与运行
——承压转动，铸就坚强体魄，书写精彩一生

【课程名称】轨道交通动力设计

【教学内容】内燃机曲柄连杆机构

【案例意义】通过介绍内燃机曲柄连杆机构及其技术难点，帮助学生在日常学习和生活中如何将压力转化为动力，激发学生的探索热情，培养他们在未来工程实践中面对挑战时的强大信心和使命感。

教学过程

1. 问题导入

随着全球对可持续发展的重视，内燃机作为传统动力源，提升其效率与减少排放已成为全球工程师们面临的重要任务。首先介绍内燃机曲柄连杆机构的结构与组成，并着重分析其运动与受力，分析其如何将气缸内的压力通过曲柄连接到活塞，进而转化为旋转动力，从而引导同学们思考：面对压力，如何将其转变为前进的动力？

2. 讲授正文

首先，我们需要了解内燃机曲柄连杆机构的组成及其结构形式。曲柄连杆机构是内燃机的重要组成部分，它主要由曲柄、连杆和活塞等部件构成。通过对曲柄连杆机构的研究，科研人员能够深入分析其运动特性和受力情况，为内燃机的性能优化和故障排除提供科学依据，同时也为新一代内燃机的设计思路提供理论支持。

其次，通过课堂上展示的图片，学生将分析曲柄连杆机构的运动和受力，探索气环和油

环的作用及其结构设计。通过相关视频，学生能够使用模型设备观察各部件在不同工况下的运动状态，以及它们所承受的力量的变化。以压力传感器为例，帮助学生实时监测曲柄、连杆和活塞的受力情况，深入理解每种力(例如气体压力、惯性力和摩擦力等)在不同运动状态下的表现。这也使学生认识到气环和油环在密封和润滑过程中的关键作用。例如，气环有助于防止燃气泄漏，而油环则确保了足够的润滑度以降低摩擦损失。通过结合曲柄连杆机构设计图和视频，学生不仅能直观地了解曲柄连杆机构的工作过程，还能体会到科研人员在实验设计过程中的严谨态度。

随后着重分析曲柄连杆机构的运动机理。曲柄连杆机构是内燃机能量转换的核心，燃烧产生的压力被有效转化为机械动力。当燃料在气缸内燃烧时，所产生的高温高压气体推动活塞下行，活塞的直线运动通过连杆传递到曲柄，进而实现了旋转运动的转换。在这一过程中，我们不仅看到力与运动的转变，更深刻体会到"变压力为动力"的哲理：正如生活中困难与压力不可避免，关键在于如何转化这种压力为前行的动力。在面对挑战时，依靠知识与创新，我们同样能够将困境转化为成长的机会，推动自身和社会的进步。因此，曲柄连杆机构不仅是机械工程的典范，更是一种哲理的象征，激励着我们不断"变压力为动力"，不断进步。

课后讨论中，鼓励学生分组讨论当前内燃机曲柄连杆机构优化面临的主要压力及挑战，以及如何将这些压力转化为技术创新的动力。在加深学生对内燃机曲柄连杆机构认识的同时，增强学生对创新与科研的热情，为交通行业的可持续发展贡献力量。

3. 分析总结

新时代的大学生应该关注内燃机技术的创新与发展，增强对技术改进、提升能效与减少排放的兴趣，积极参与到绿色交通的研究与实践中，为实现可持续发展贡献自己的力量。同时让学生明白，未来不仅要解决技术问题，更要敢于面对压力，用坚强的意志直面困难，并将其转化为推动社会可持续发展的动力，树立为国家绿色交通发展贡献力量的责任感和使命感。

案例4 内燃机车支撑国家铁路发展由落后到引领
——交通强国与专业自信

【课程名称】轨道交通动力设计
【教学内容】新型动力结构及工作原理
【案例意义】通过某西部进藏铁路上"复兴号"高原内电双源动力集中动车组的应用实例，体现内燃机车在铁路运输及世界铁路技术发展中的重要地位，激励学生学好本门课程，扎实掌握专业知识与技能，增强专业担当意识，为交通强国建设贡献力量。

教学过程

1. 问题导入

在学习了解了内燃机的历史及我国内燃机车的发展历程以后，需要思考在如今的科技发展水平和铁路运营环境下，内燃机车的应用前景、发展方向以及技术提升等问题。

2.讲授正文

我国内燃机车技术始于引进再研发，在中华人民共和国成立前，内燃机技术相比国际较为落后，经过几十年的长足发展，如今，我国内燃机车已经研制到第四代，并出口到安哥拉、尼日利亚、哥斯达黎加等国家。同时，内燃机车在国内也承担着重要的运输任务，下面以某西部进藏铁路为例进行阐述。

某西部进藏铁路是西藏自治区对外运输通道的重要组成部分，作为雪域高原的第二条"天路"，该铁路途经高原、高寒地区，具有强紫外线、多雷暴的气候特点，且沿线多桥梁、多隧道、多自然保护区，是世界铁路建设史上地形地质条件最为复杂的工程。该铁路拉林段东端连接规划建设中的铁路，建成后可通往西南及东中部地区；向北、向西连接既有的青藏铁路和在建的拉萨—日喀则铁路等，可通往西北广大地区及中国与尼泊尔、印度的主要口岸。因此该铁路对于完善西藏铁路网结构、改善沿线交通基础设施条件、促进西藏经济社会发展具有重要意义。

当前世界上适用于高原铁路的机车车辆主要在我国境内，主要有 NJ2 型机车、高原 HXN3 型内燃机车、高原 HXD1D 型机车等，但适用于高原环境的双源动力集中动车组还属世界空白。为解决同一列车在拉林电气化铁路线和拉日非电气化铁路线混合运营的问题，同时适应高原低气压、缺氧、强紫外线、风沙等环境，我国自主研制了"复兴号"高原内电双源动力集中动车组（高原"'绿巨人'复兴号"），采用整列一体化设计，在全世界首创"内燃+电力"双端双控策略，列车一端为源自 HXD1D 电力机车技术的单节动力车，另一端则是源自 FXN3 型内燃机车技术的双节无驾驶室动力车。

该型双源模式机车具有电控电牵、电控内牵、内控电牵和内控内牵 4 种不同组合的控制模式，可根据运用需求进行动力模式的灵活快速切换，从而实现在某西部进藏铁路全程牵引顺畅不换车，是动车组中名副其实的"全能型选手"。同时，为保持安全冗余，列车在电化区段运行时均处于"热准备"状态，可随时投入牵引运用，强化拉林铁路电气化区段运营的安全保障；在动车组出现故障时，可实现故障单元自动隔离和转换，使得列车安全性更高，能够适应高原环境、连续长大隧道条件以及跨电气化和非电气化线路贯通运用。其最高运营时速达 160 km，适应海拔 4000 m，预留 5100 m 海拔能力。高原"'绿巨人'复兴号"实现了"复兴号"对 31 个省区市的全覆盖，采取组合创新和专项技术突破的方式，多项技术填补了行业空白，达到世界先进水平。

3.分析总结

通过学习了解内燃机车在某西部进藏铁路上的运用，可以看出其在铁路运输及世界铁路技术发展中的重要地位。同学们应努力学好本门课程，扎实学好内燃机原理与结构相关知识，打好专业基础，掌握专业本领，增强担当意识，稳扎稳打、勇往直前，为我国铁路事业的发展添砖加瓦。

13

计算机仿真技术与应用

序号	教学内容	思政映射与融入点	编者
1	知识点：有限元分析求解原理与基本流程	案例1：有限元分析方法——整体论与还原论的辩证统一，把握系统动态变化特性	姚曙光、伍钒
2	知识点：有限元分析的应用	案例2：有限元分析的应用——理论与实践相结合，适应时代新学风	姚曙光、伍钒
3	知识点：轨道交通工程流体力学仿真案例	案例3：高速列车外形流线型设计——降阻降噪，文化实力	伍钒、姚曙光
4	知识点：计算机仿真软件的发展历程与思考	案例4：计算机仿真软件的发展——交通强国使命下的科技力量	姚曙光、伍钒

案例1 有限元分析方法
——整体论与还原论的辩证统一，把握系统动态变化特性

【课程名称】计算机仿真技术与应用

【教学内容】有限元分析求解原理与基本流程

【案例意义】通过介绍有限元分析的求解原理与基本流程，掌握其中整体论与还原论的辩证统一性。引导学生辨析问题中局部与整体的特点，以局部研究推动整体理解，从整体视角反哺局部研究，并且意识到复杂系统动态变化的性质，分析系统中局部与整体的动态交互，从而弥合理论与实践的差距。

教学过程

1.问题导入

轨道车辆运行的安全性、舒适性等性能受到多种因素的影响，包括车体设计、轨道质量、环境条件及载荷作用等。为确保轨道交通系统安全、稳定和高效运行，精确的结构分析与动力学分析至关重要。那么，如何在深入分析局部结构表现的同时准确预测整个系统的动态响

应？通过介绍有限元分析的求解原理和基本流程，让学生们认识到仿真分析方法的灵活高效和实用性并学会如何利用有限元分析反映实际系统复杂、动态变化的特点，以及如何建立局部与整体的交互关系。

2. 讲授正文

首先介绍有限元分析的发展现状。自 20 世纪 50 年代以来，有限元分析方法已成为工程分析中的核心工具。现代有限元分析不仅支持处理静态和线性问题，还能处理复杂的非线性、动态和时变的问题。在轨道交通领域，有限元分析广泛应用于轨道结构、车辆动力学等方面，在分析和优化轨道、车体与基础设施的结构响应，预测动态载荷、振动效应及碰撞安全性等方面表现卓越。同时，结合人工智能、大数据等技术，有限元分析方法正向自动化、智能化方向发展，大幅提升了分析效率和精度。

接着介绍有限元分析的求解原理。有限元分析方法的核心即将一个结构看成由若干通过结点相连的单元组成的整体，先进行单元分析，然后再把这些单元组合起来代表原来的结构进行整体分析。基于物理学和数学的深厚理论支持，通过对复杂工程问题的离散化和数值求解，有限元分析方法能有效处理复杂的几何、边界条件和多物理场耦合问题，广泛应用于工程设计、优化和故障分析中。弹性力学中关于变量和方程的描述是有限元分析方法的重要力学基础：对于任意形状变形体，在其微小单元中基于位移、应变、应力三大类变量，建立受力平衡方程、变形几何方程及材料本构方程。有限元分析的数学原理主要包括泛函极值原理（能量原理）和加权残值法：泛函极值原理基于变分法，将物理问题转化为寻找能量泛函极值的问题，通过将连续体的微分方程转化为变分问题，通过最小化整体能量进行求解；加权残值法旨在将微分方程的解转化为一个加权最小二乘问题，将问题从强形式转化为弱形式。二者的结合使得有限元分析方法能够处理复杂的边界条件、材料非线性、几何非线性等实际问题。

然后介绍有限元分析的基本流程。第一步，问题定义与求解器选取：根据需要解决的工程问题，明确物理场类型；对主流有限元分析软件进行介绍，简单阐述各软件适用的工程领域和求解问题类型，选择合适的求解器。第二步，几何模型建立与离散化：确定需要分析的区域或结构，对其进行几何建模，必要时对模型进行适当简化；介绍不同有限单元类型及特点，分析不同单元在计算效率和计算精度方面的利弊，学会如何对网格进行适当简化或局部加密。第三步，选择材料模型与物理方程：根据问题要求，选择合适的材料模型，如线弹性模型、弹塑性模型等。第四步，设置边界条件与载荷条件：边界条件决定了问题解的约束，辨识实际中边界条件和载荷的类型，学会在前处理中设置边界条件和施加载荷。第五步，模型求解与检查收敛性：利用求解器对仿真模型进行求解，确保计算结果的稳定性和收敛性。第六步，结果分析与后处理：学会使用后处理软件，提取分析结果；通过可视化软件，利用图像或数据呈现计算结果，评估系统响应。

3. 分析总结

随着科学实践的发展，掌握整体论和还原论，形成更为全面和深入的方法论体系，是应对复杂系统挑战的未来发展趋势。通过局部到整体的映射，有限元分析能从细微角度分析宏观问题；通过整体到局部的反哺，有限元分析能为局部优化设计提供理论和技术支撑。在课程学习过程中，注重培养学生的全局分析意识，鼓励学生主动参与讨论和提问，通过自主查阅资料补充专业知识，提高学科综合素养。

案例 2 有限元分析的应用
——理论与实践相结合，适应时代新学风

【课程名称】计算机仿真技术与应用

【教学内容】有限元分析的应用

【案例意义】通过引导学生上机实践并提交报告，帮助学生掌握有限元分析方法；让学生能够将所学知识与实践相结合，并基于已完成的仿真算例总结过程中遇到的计算效率、收敛性、计算精度等问题并提出改进方法。这种理论与实践相结合的教学方法，能够让学生适应与时俱进、学以致用、创新探索的时代新学风。

教学过程

1. 问题导入

习近平总书记曾说："要坚持理论和实践相结合，注重在实践中学真知、悟真谛，加强磨炼、增长本领。"这句话与中南大学"知行合一"的校训颇为契合。在前面的课程，我们已经掌握了有限元分析建模、计算和后处理的基本流程，但不能只会纸上谈兵，要学会采用有限元分析方法解决轨道交通工程复杂实际问题，将理论运用到实践中，并用实践验证理论，从而促进对于有限元分析方法的掌握。在正式上课之前，请大家思考一个问题：有限元分析在轨道交通工程学中的具体应用领域有哪些呢？

2. 讲授正文

首先从杆梁结构有限元分析、连续体结构的有限元分析、结构振动模态分析、吸能结构冲击动力学响应分析这 4 个方面入手，分别举出相应案例，结合图片、视频等，给大家介绍有限元分析在轨道交通工程学的具体应用领域。

其中，杆梁结构有限元分析是把杆梁这类可简化的结构离散为有限单元，常用于分析铁轨、桥梁梁体等在轨道交通中的力学表现；连续体结构的有限元分析则针对如道床、车身外壳等连续体，划分众多小单元，依弹性力学建立方程，分析内部应力场等，助力优化设计。结构振动模态分析聚焦结构的固有频率、振型，通过建模考虑质量、刚度、阻尼等因素，构建动力学方程来求解，可避免共振危害。吸能结构冲击动力学响应分析，模拟吸能结构在碰撞时的变形、应力及能量吸收情况，通过准确设置材料特性与冲击载荷等，为提升碰撞安全防护提供依据。

其次，为了让学生将感性认识转化为理性认识，从而掌握理论的本质与内在规律，可以在课堂上以有限元分析典型算例演示来帮助学生深入理解有限元分析方法。在演示的过程中，要充分调动学生之前学习过的知识，引导学生抢答此步操作的意义，让学生自己运用理性思维思考总结，给他们提供自己动手操作的理论基础。

但若想要实现理论认识到实践的飞跃，必须安排转向架构架结构静强度分析上机实践并提交报告的作业。习近平总书记说过："实践观点是马克思主义哲学的核心观点。实践决定认识，是认识的源泉和动力，也是认识的目的和归宿"。通过上机实践，学生能够将课本上的

知识转化成自己的知识，用理论指导实践的同时，也能运用实践检验真理。

最后，在学生完成上述作业后，再通过吸能结构的冲击动力学响应分析，讲解探索精神和创新精神。随着时代的发展，新技术、新材料不断涌现，如新型的智能材料用于轨道结构、绿色节能技术应用于车站建设等，有限元分析也要与时俱进，融入这些新元素对应的理论和实践经验，调整分析方法和模型，确保其始终能准确反映轨道交通实际工程的最新状况，为实践提供切实有效的指导。在课堂上可以引导学生发散思维，让他们畅所欲言，发表自己对有限元分析的创新性想法。作为轨道交通的新生力量，这些学生要有创新精神，要不断深化认识，不断总结经验，不断实现理论创新和实践创新的良性互动。

3. 分析总结

在有限元分析运用的教学中，通过图片、视频的案例导入来传授理论知识。为了将学生的感性认识转化为理性认识，以有限元分析典型算例演示来帮助学生深入理解有限元分析方法。接着安排转向架构架结构静强度分析上机实践并提交报告的作业，助力学生实现从理论认识到实践的飞跃。通过这节课程的讲解，不但让学生掌握了有限元分析方法运用的具体操作，也让同学们理解了理论与实践相结合的真知。最后在同学们完成上述作业后，再通过吸能结构的冲击动力学响应分析，讲解探索精神和创新精神，让学生适应与时俱进、学以致用、创新探索的时代新学风。

案例 3　高速列车外形流线型设计
——降阻降噪，文化实力

【课程名称】计算机仿真技术与应用

【教学内容】轨道交通工程流体力学仿真案例

【案例意义】通过对高速列车外形设计的探讨，体现现代工程设计中计算机仿真技术与艺术的有机结合。"流线外形"满足空气动力学降阻降噪要求，"龙凤呈祥"展示中华文化独特魅力，培养学生的工程师思维，弘扬中国文化，凝聚中国力量，为未来的交通工具设计提供宝贵借鉴。

教学过程

1. 问题导入

拥有各具特色头型的高铁奔驰在神州大地上，让人油然而生"科技改变生活"的感慨。那么，这些又潮又酷的高铁车头是怎样诞生的？其背后蕴含着哪些科技呢？

车头不光是高铁的"脸面"，更是高铁列车的一大核心技术。一个出色的"头型"，必须具备优异的空气动力学性能，此外，高速列车外形设计不仅仅是单纯的技术问题，还涉及国家文化和工业自信。在全球化竞争日益激烈的今天，如何将"降阻降噪"技术与中国传统文化相结合，打造具有中国特色的"国风"外形流线型设计，成为工程师不得不思考的问题。

2. 讲授正文

首先，高速列车的外形设计应能应对高速行驶中空气阻力带来的巨大挑战。疾驰中的高铁会同时受到周围空气多种力的作用，比如空气阻力、气流升力、会车时的交会压力波、侧风带来的侧向力等，这些都是阻碍列车安全平稳高速运行的"天敌"。其中，空气阻力是列车高速运行的最大障碍。就像我们在 5 级大风中逆风而行会感觉寸步难行一样，高铁速度越快，空气阻力越大。根据空气动力学原理，车头的长细比越大，阻力系数越小。加大车头的长细比，还可减少列车会车时的交会压力波和通过隧道时的隧道压力波。因此，优化列车的外形，使其能够以最小空气阻力通过气流，成为设计中的首要任务。流线型设计的核心理念就是通过减少车体与空气之间的摩擦，降低空气流动造成的压力波动，从而达到减少阻力的目的。通过精确的计算流体力学（CFD）模拟分析，工程师能够预测列车在高速运行中的气流分布，并据此对车头、车身和车尾的形状进行精细调整。长而平滑的车头造型、流线型的车身轮廓以及适当的车尾设计，能够有效降低气动阻力，使列车在高速行驶时更加高效节能。

随着降阻技术的不断突破，降噪技术也成为流线型设计的重要组成部分。高速列车在行驶过程中产生的噪声，主要来自空气阻力和车轮与轨道之间的摩擦。尤其在列车高速通过隧道或桥梁等结构时，空气会迅速压缩并产生强烈的噪声，这不仅会影响乘客的舒适性，还会对周围环境造成噪声污染。因此，如何减少这种噪声成为设计中的另一大难题。降噪技术的应用不仅仅依赖于外形的优化，还包括车厢材质的选用和隔音措施的加强。通过合理的车厢结构设计、轮廓优化以及噪声隔离材料的使用，工程师能够大幅减少高速列车的噪声传播，提升乘客的乘车体验。

此外，高速列车的外形流线型设计不仅仅是技术上的革新，还展现了中国文化的独特魅力。近年来，许多中国高铁的设计都融入了传统文化元素，如"火箭"CRH380A，"青铜剑"CRHAM，"骏马"CRH2E，还有"飞龙"CR400AF，既富有象征意义，又与现代工程技术相结合，体现了中国的文化传承与创新。中国高铁的外形设计不仅仅追求技术上的先进性，更通过车身的曲线、色彩和细节设计，传递着中国文化的自信和对未来的美好愿景。通过这样的设计，列车不仅是科技的代表，也成为了文化的载体，展现了"大国风范"与民族自信。

最后，高速列车的流线型设计，降阻降噪技术以及与传统文化相结合的创新，彰显了中国在现代科技领域的领先地位。这不仅仅是对技术的追求，更是对文化的尊重与创新。在未来的设计中，我们不仅要关注技术细节的精细化，更要注重文化元素的融入。当代大学生需要学会从多角度思考问题，不仅要追求专业上的卓越，更要在专业学习中传承和创新中国传统文化，将文化自信与技术自信融为一体，为国家的繁荣与科技进步贡献自己的力量。

3. 分析总结

高速列车的外形流线型设计是技术与文化结合的典范。通过降阻降噪技术的不断进步，我们不仅提升了列车的运行效率，也减少了对环境的污染。而通过与中国传统文化元素的结合，我们更是在全球舞台上展示了中国自信和创新精神。作为新时代的青年，我们应当汲取这一精神，在自己的专业领域努力创新，为国家的科技进步与文化复兴贡献力量。

案例 4　计算机仿真软件的发展
——交通强国使命下的科技力量

【课程名称】计算机仿真技术与应用

【教学内容】计算机仿真软件的发展历程与思考

【案例意义】通过学习有限元仿真软件和流体力学计算分析软件在轨道交通领域的发展历程，探讨其对交通强国建设的推动作用，引导学生从科技发展过程中把握认识与实践的辩证关系以及事物间的系统观念，带领学生深刻体会新时代领导人的科技创新理念，增强学生投身交通强国建设的使命感。

教学过程

1. 问题导入

当我们穿梭于城市之间，享受着便捷交通带来的舒适与效率时，不禁会思考：是什么力量让这一切成为可能的？是的，正是科技的力量。高速列车在铁轨上飞驰，它们的速度、稳定性和能耗都经过了精确的计算和模拟。这背后，有限元分析仿真软件和计算流体力学仿真软件扮演着至关重要的角色。这些软件不仅帮助工程师设计出更轻、更强、更节能的列车，还确保了列车在各种复杂环境下的安全性和可靠性。那么，这些软件是如何在科技的浪潮中发展起来的？又带给我们怎样的思考？在今天的课堂上，我们将一起走进计算机仿真软件的世界，领略在交通强国使命下的科技力量。

2. 讲授正文

首先，了解有限元分析仿真软件的发展历程。有限元分析仿真软件的起源可以追溯到20世纪50年代，当时为了解决飞机和航天器的结构分析问题，工程师们开始探索数值方法。到了60年代，随着计算机技术的发展，有限元分析开始应用于实际工程问题。70年代，有限元技术开始专注于模拟结构的动态行为，包括耐撞性分析。80年代，有限元技术进一步发展，出现了多种求解方法，如有限差分法、有限体积法等，这些方法使CAE技术得到了长足的发展。90年代，CAE技术进入了成熟壮大时期，大的软件公司通过收购、并购提升了自己的分析技术并扩大了应用范围。如今，有限元分析仿真软件已经覆盖了结构力学、结构动力学、热力学等多个领域，并向着多物理场耦合分析的方向发展。

其次，计算流体力学仿真软件的发展同样令人瞩目。FLUENT软件的历史可以追溯到1975年英国谢菲尔德大学的Tempest项目，后来不断发展并被ANSYS公司收购。20世纪80年代初，谢菲尔德大学的一群年轻人共同创造了Ansys Fluent，这是首款具有图形用户界面和工作流程的计算流体动力学(CFD)商用软件。这些软件的出现极大地推动了流体力学领域的研究和应用，为轨道交通车辆的空气动力学设计、隧道通风、列车空调系统等提供了强有力的技术支持。随着时间的推移，这些仿真软件不断进化，不仅在技术上取得了突破，而且在应用领域上不断拓展。它们从最初的线性问题与静力分析发展到多场耦合技术，如流固耦合、热流耦合等复杂工程问题。这些技术的发展，不仅加快了仿真软件的发展步伐，还显著提升了其在轨道交通工程实践中的应用价值。

这些仿真软件的发展，是科技进步与人类智慧的结晶。马克思主义认为，实践是认识的基础，认识反作用于实践。在轨道交通领域，有限元仿分析真软件和流体力学计算分析软件的应用，正是这一哲学思想的生动体现。通过模拟实际的物理环境，工程师们在设计阶段就能预测和解决可能出现的问题，从而减少实际测试的次数，提高设计的准确性和效率。这种从实践中来、到实践中去的过程，正是马克思主义认识论的体现。

　　此外，仿真软件在轨道交通领域的应用不仅体现在设计阶段，还贯穿于整个轨道交通系统的生命周期。从列车的设计、制造到轨道的铺设、维护，再到整个系统的运营管理，这些软件都发挥着重要作用。它们帮助我们更好地理解轨道交通系统的工作原理，预测可能出现的问题，并提出解决方案。例如，在列车设计阶段，通过有限元分析仿真软件，我们可以模拟列车在不同速度、不同载荷下的结构应力分布，从而优化列车的结构设计，提高其安全性和耐用性。在轨道铺设阶段，流体力学计算分析软件可以帮助我们预测轨道在不同气候条件下的变形情况，从而选择合适的材料和施工方法，保证轨道的稳定性和使用寿命。这些软件的应用，体现了马克思主义中的系统论思想，即事物是相互联系、相互作用的。轨道交通系统是一个复杂的系统，各个组成部分之间存在着密切的联系。计算机仿真软件通过模拟这些联系，帮助我们更好地理解和管理这个系统。

　　在新时代的背景下，习近平总书记强调了科技创新在国家发展中的核心地位，他指出："科技是国家强盛之基，创新是民族进步之魂。"计算机仿真软件的发展历程，正是这一思想的具体体现。它们不仅推动了交通基础设施的设计和优化，还为交通安全、效率和可持续发展提供了强有力的技术支撑，甚至在环境保护方面也发挥着重要作用。通过模拟不同方案的环境影响，我们可以选择最环保的设计方案，实现交通系统的绿色可持续发展，促进实现碳达峰、碳中和目标。

　　然而，我们也必须认识到，这些软件的发展历程并非一帆风顺。高性能计算需求与现有硬件资源之间的矛盾，智能化和自动化水平的提升需求，都是我们面临的挑战。但正是这些挑战，激发了我们的创新和探索欲望。未来的发展趋势将集中在提升用户体验、多学科仿真能力、行业特定解决方案的开发，以及高性能计算的融合。这些进步，将使我们更接近实现交通强国的目标。

　　本课程仅作为仿真学习的起点，期盼同学们以本门课程为载体，以"咬定青山不放松"的韧劲和"不破楼兰终不还"的拼劲，开拓创新、大胆探索、勇于实践，利用当今时代强劲的科技力量为轨道交通谱写发展新篇章。

3. 分析总结

　　有限元分析仿真软件和计算流体力学仿真软件的发展历程，是科技创新推动轨道交通强国建设的一个缩影，不仅体现了科技的力量，也体现了人类对轨道交通系统更高效率、更安全、更环保的不懈追求。期望作为未来的工程师、科技工作者或是其他身份的你们，站在这些巨人的肩膀上不断创新，继续推动这些技术的发展，为实现科技强国、交通强国的伟大目标而努力。

14

交通装备创新设计

教学内容和思政融合设计

序号	教学内容	思政映射与融入点	编者
1	知识点：交通装备的创新发展	案例1：轨道交通装备发展的必由之路——以创新为驱动，引领行业变革的时代浪潮	周丹
2	知识点：用 TRIZ 解决发明问题	案例2：高速列车气动外形的进化——坚持在传承中创新的优化之路	周丹
3	知识点：轨道交通装备的创新发展	案例3：客车转向架的创新设计——激励学生勇于创新、持续创新	姚曙光
4	知识点：创新设计人才的基本素质	案例4：谁是创新的主力军——激发学生的历史责任感	章易程

案例 1 轨道交通装备发展的必由之路
——以创新为驱动，引领行业变革的时代浪潮

【课程名称】交通装备创新设计

【教学内容】交通装备的创新发展

【案例意义】通过对我国现有轨道交通装备性能及多样性需求的讲解，以社会热门词汇为引导，有针对性地介绍创新发展的必要性，提炼其中蕴含的文化基因，使学生能够自觉响应理想信念层面的精神指引，培育和践行社会主义核心价值观。

教学过程

1. 问题导入

加快建设创新型国家是我国新时代的重要国家战略。国家一直在积极实施全民创新的政

策。创新能力成为企业发展的强大动力。从交通设备与控制工程专业背景出发,指出我国正处于交通大发展的良好时机,一方面,现有的交通装备性能需要不断改进,同时也需要研发新的交通装备来满足交通装备多样性的需要。积极探寻与之匹配的课程思政教育资源,提炼其中蕴含的文化基因,得出轨道交通装备关键知识点、思政案例与推理式、体验式、案例式等教学方法的最优组合关系。

2. 讲授正文

交通装备创新设计课程的绪论部分最核心的内容就是激发学生的创新热情,让学生认识到创新是这个时代的标志,愿意为交通装备创新付出自己的努力。中国如果无法实现产业升级,那么,就会陷入日韩式的严重内卷;而如果中国取得突破并实现产业升级,那么,西方欧美国家就会被逼入内卷。我们今天要破局"内卷""躺平",化解中华民族的人口危机,就必须掀翻西方强压给中国的产业天花板,推动中国每一个行业和产业都实现升级。唯有如此,我们才能为广大年轻人充分打开成长的通道。而企业、产业升级的标准,就是击败各自领域的西方竞争对手。因此,我们这个时代需要的社会价值评判标准是具备爱国情怀的"科创英雄",用这样的楷模点燃全国人民的科技创业热情,并通过硬核科技的产业化突破西方竞争者所设立的一切壁垒。我们国家创造性地提出了"大众创业,万众创新"的号召,以此引导同学讨论怎么进行创新。在与同学们的讨论中,凝练出创新的核心方法:创新方式有原始创新、集成创新、引进吸收消化再创新;三种创新方式既相对独立又相互交叉,原始的、集成的、引进的互相支撑、互为依托。科技创新发展方向有"从无到有"的"0-1"和"人有我优"的纵向垂直深入发展以及"1-N"的横向水平推广发展。再引出我国高铁发展就是走的引进吸收消化再创新之路。目前我国拥有世界上最现代化的铁路网和最发达的高铁网,依托京张高铁、京雄高铁、浩吉铁路等重大项目大力开展智能建造、智能装备、智能运营等关键核心技术研发,不断推动铁路智能化,已经成为世界智能铁路发展的重要引领者。但我国的高铁发展之路并不是一帆风顺的,接着以高速列车产业为例给同学们讲解我国高铁是如何实现自主创新的。我国高铁线路普遍采用无砟轨道,导致动车组的振动特性有所改变,结果在京津线初期试验通过坡道的时候,旅客在车厢内有乘船的感觉,走起来深一脚浅一脚,很不舒服。但在技术转让中没有提供任何原始计算模型和试验数据的西门子公司,既不认可存在问题,也不拿出解决方案。在这种情形下,中车的科研团队自己动手,经过反复摸索,确定了在二系加装 10 kN·s/m 减震器的方案,最终大大改善了列车乘坐的舒适度。面对这一结果,西门子公司不得不认可他们的方案。后来,这一改进在 CRH380 转向架全部应用。通过此例和同学们一起进行总结,我国高速列车世界先进水平的发展之路,也是我国高铁人的创新之路。再比如,在 2008 年以前,盾构机的关键技术被国外垄断,国内使用的盾构机严重依赖进口,由于没有掌握核心技术,设备需要外国专家远渡重洋进行检修。昂贵的进口成本,低效的设备维护,耗时的跨国沟通,中国在盾构机的应用上处处受制于人,这也严重影响着中国基建的效率和发展。20 多年来,自主创新的中国盾构机从"蹒跚学步",攻克主轴承、减速机设计制造关键技术,跨入世界先进行列,实现了完美逆袭。最后再引入课程的内容。2007年,为从源头推进我国的自主创新,科技部开始找方法。2008 年指出"推进 TRIZ 等国际先进技术创新方法与中国本土需求融合"。实践表明,TRIZ 理论帮助人们突破思维定式,从不同的角度分析问题,进行理性的逻辑分析,揭示问题的本质,确定研究方向,进而开发出富有竞争力的产品。通过层层深入的讲解,在引人入胜、潜移默化中激发学生的创新热情,让他们愿意积极投身到我国的高速列车创新之中。

3. 分析总结

以学生挂在嘴上的热门词语作为课堂引入，容易引起学生的共鸣。师生之间、学生之间互动交流频繁，没有刻意的思政教育痕迹。通过大量案例的讲解，说明创新对于国家发展，对于轨道装备发展，对于学生个人的发展都是必不可少的，从而将思政元素无缝融入教学中，实现知识传授与价值引领的有机统一，使学生能够自觉响应理想信念层面的精神指引，树立正确的价值思维、历史思维和实践思维观。

案例 2　高速列车气动外形的进化
——坚持在传承中创新的优化之路

【课程名称】交通装备创新设计

【教学内容】用 TRIZ 解决发明问题

【案例意义】通过对我国高速列车气动外形设计从跟跑、并跑到如今领跑新阶段的讲解，介绍被动流动控制和主动流动控制等减阻技术研究方法，使学生在了解并掌握 TRIZ 理论的技术系统进化法则在复杂系统研发中的运用，并强调要在传承中持续创新，增强他们的民族自豪感和自信心。

教学过程

1. 问题导入

高速列车外形与列车空气动力学有着密切的关系，其外形的流线型程度直接影响整列车的空气动力性能。人们追求造型最佳的高速列车外形，很大程度是为了改善列车空气动力性能。因此，列车外形不断改变的过程也是列车运行速度不断提高和列车空气动力学研究不断深入的过程。本部分内容通过我国高速列车气动外形不断进化的案例阐述 TRIZ 理论如何帮助工程设计人员迅速发现问题并提供解决问题的相应原理，从而证明 TRIZ 理论在创新设计中的重要性。同时，积极探寻与之匹配的课程思政教育资源，指出中国高速列车气动外形设计从跟跑、并跑到领跑的飞跃发展历程。

2. 讲授正文

早期的列车外形设计主要是考虑减小列车运行时的空气阻力，因此将列车头部设计成子弹头形状，被称为"子弹列车"，如 0 系列车。然而，列车是在地面运行的长大物体，随着列车运行速度的提高，"子弹列车"除空气阻力急剧增大外，还出现了许多影响行车安全和周围环境的空气动力学问题，如轨道交通所特有的列车交会压力波等。这就迫使世界各国专家对改善列车空气动力性能的列车外形进行专门研究。列车的外形与新技术的发展相适应，进一步提高速度、降低能耗、增加舒适度、改进环保性能，是世界各国高速列车新技术的体现，也是列车外形发展的方向。

高速列车以 350 km/h 运行时气动阻力约占总阻力的 90% 以上，高速列车在运行过程中会产生非常大的气动阻力，能耗很大，而且气动噪声也激增。目前高速列车在气动外形设计以及车体平顺化减阻方面已经开展了较为全面的研究，甚至达到了减阻瓶颈，因此对于400 km/h 以上高速列车气动外形设计的矛盾集中体现在高速列车的速度与其在运行时能量的消耗这两个工程参数之间。通过 TRIZ 理论，要解决这个问题涉及 2 个工程参数：运动物体的能量消耗；速度。根据这两个工程参数内容，从矛盾矩阵中得到 4 条发明原理。我们从中间选取动态特性原理和物理或化学参数改变原理。

根据这 2 条发明原理得到的启发，技术人员对高速列车外形进行改进。采用新型减阻技术，主要包括被动流动控制和主动流动控制。被动流动控制一般是通过列车外形及结构设计实现近壁流动控制，主要有尾涡调控减阻技术和仿生表面减阻技术。尾涡调控减阻技术一般通过添加涡流发生器，抑制流动分离。经过风洞试验验证，可实现尾车气动减阻 6% 以上同时升力减小 10%。仿生表面减阻技术是通过减弱边界层摩擦效应调控边界层流动，进而降低壁面剪切效应，包括：超疏水表面减阻（荷叶），即在物体表面形成气流-液复合界面；近壁结构流动调控减阻（鲨鱼皮），即通过三维仿生条带结构，阻碍近壁流向涡的自由转换，降低外层湍流，抬升近壁涡结构，减少外层高速流冲刷作用。上述仿生减阻思路一般多用于整体减阻，此外，还可仿生仙人掌、座头鲸胸鳍等开展受电弓等局部杆件外形减阻研究，探索多类型仿生结构设计的减阻效益。从目前的研究结果来看，将沟槽、凹坑、凸起等仿生减阻技术应用于流线型长度较短的高速列车，8 编组整车气动阻力可减小 5% 以上。主动流动控制是指主动注入质量/能量，影响边界层流动，包括列车表面吹吸以及等离子体减阻。列车表面吹吸：改变车体近壁边界层流动，影响尾流分离及漩涡结构形成，研究结果表明三车可减阻5.8%。等离子体减阻：通过等离子体激励器在两个电极之间形成射流，改变边界层流动。有学者采用不同电极形状装置进行了流动控制研究，结果发现启动激励器后，列车尾部湍动能明显减小。而将新型气动减阻技术应用于高速列车是一种新颖有效的方式，可以为高速列车减阻赋能。

通过系列研究，最终实现了我国高速列车气动阻力仅为日本最优列车的 70%，大幅降低了列车运行能耗，实现了中国高速列车气动外形设计从跟跑、并跑到领跑的飞跃。2023 年，福厦高铁试验列车以单列时速 453 km、相对交会时速 891 km 运行，为"CR450 科技创新工程"的顺利实施打下了坚实基础。对于实现铁路高水平科技自立自强，巩固和扩大中国高铁世界领跑优势，具有重要意义。

通过课程的学习，进一步理解 TRIZ 方法对轨道交通领域发明创新工作的重要性，通过层层深入的讲解，激发学生的创新热情，引导其积极投身到我国的高速列车创新之中。

3. 分析总结

通过几代高铁人在高速列车速度持续提升上所做的各种创新设计，特别以高速列车气动外形的进化为案例，生动讲述了创新对于国家发展，对于轨道装备发展，对于学生个人的发展都是必不可少的这一理念。通过师生之间、学生之间互动交流，启发学生的创新意识，使其对我们国家高速铁路不断发展、创造中国奇迹产生共鸣，增强民族自豪感和责任心。将思政元素自然地融入教学中，实现知识传授与价值引领的有机统一，使学生能够自觉响应理想信念层面的精神指引，为国家科技进步而努力学习基础知识和基本技能。

案例3 客车转向架的创新设计
——激励学生勇于创新、持续创新

【**课程名称**】交通装备创新设计

【**教学内容**】轨道交通装备的创新发展

【**案例意义**】客车走行部件转向架犹如人的双腿,是轨道车辆的核心部件,是车辆安全运行、车辆稳定性和车辆乘坐舒适性的重要保证,是轨道交通创新发展的重点领域。通过提问启发讨论交流,使学生全面了解转向架的作用、组成、关键技术和型号谱系技术发展历程,为转向架技术的创新设计提供思路源泉,了解加快转向架核心技术和关键部件的谱系化、标准化、模块化,通过从点的突破迈向系统能力提升的过程。通过启发式讲授、互动式交流,进行师生深度对话,培养学生的科学思辨能力,引导学生独立思考,鼓励学生敢于表达、勇于创新。

教学过程

1. 问题导入

A. 提问:客车转向架的组成部件和功能作用分别是什么?

B. 提问:从客车转向架的发展历程来看,转向架关键技术进化的矛盾是什么?

C. 提问:客车转向架目前和未来创新发展的方向是什么?

通过转向架技术的变革发展,阐释技术进化的矛盾一直在演变,需要我们以发展的眼光来看待事物,培养辩证思维和科学思维,提高用科学解决问题的能力。

2. 讲授正文

(1)转向架概述

根据讨论的结果,给同学们介绍客车转向架的组成部件、功能作用以及技术要求和性能参数;通过转向架和车辆系统技术参数匹配协调才能提升轨道交通的运行品质这一原理,说明转向架虽然是一个独立系统,但同时是轨道车辆的重要组成部分。

1)说明轨道车辆为什么要采用转向架。车辆上采用转向架是为增加车辆的载重、长度与容积,提高列车运行速度,使车辆快速沿直线线路运行及灵活顺利地通过曲线。

2)转向架如何使车轮沿钢轨的滚动转化为车体沿线路运行的平动。转向架支撑车体,承受并传递从车体至车轮之间或从轮轨至车体之间的各种载荷及作用力,并使轴重均匀分配,保证在规定的距离之内停车。

3)车辆运行平稳性和安全性如何保证。转向架一系二系弹簧减振装置的安装,能缓和车辆和线路之间的相互作用,减小振动和冲击,提高车辆运行平稳性和安全性。

(2)客车转向架的发展变革

介绍 20 世纪 50 年代我国首次自行设计的转向架 100 km/h 的 101 型、102 型、103 型,和目前"复兴号"380 km/h 的 CRH380 系列转向架,重点讲授转向架的构架、轴箱定位装置、复合制动、空气弹簧的技术变革。引导学生发现转向架技术创新设计的突破口,以及从核心

技术和关键部件的突破到转向架系统能力提升的过程。(图 14-1)

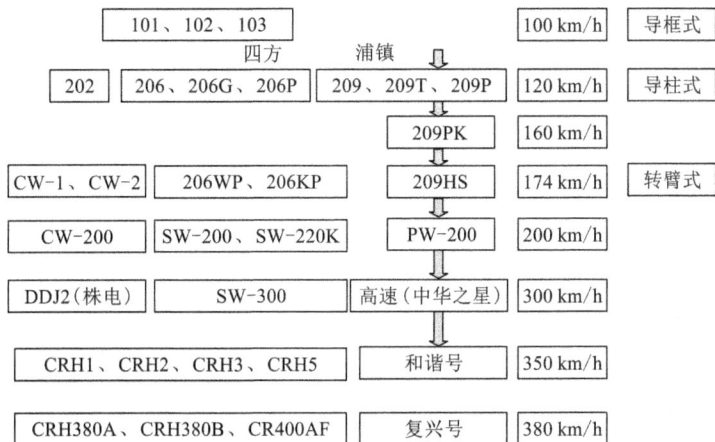

图 14-1 转向架发展历程

(3)转向架的创新发展——"弓"系轻量化转向架

介绍摆式转向架、径向转向架的独特性,重点介绍"弓"系轻量化转向架,它突破传统转向架的设计理念,采用"全装配无焊接、多级刚度挠性碳纤维复合材料构架"全新设计方法,在承载车辆重量的同时,通过"弓"的减震特性,缓和了车辆和线路的相互作用,可以提升车辆的平稳性和舒适性,比传统转向架重量减轻 25%～40%,车辆运行能耗减少 15% 以上,轮轨磨耗降低 30% 以上,噪声降低 2～3 dB,全生命周期成本降低 15% 以上。先进的"弓"系轻量化转向架具有完全自主知识产权,已申请国家发明专利 36 项,颠覆性科技创新、0 到 1 的突破,让学生体会勇于创新、持续创新的魅力和带来的成就感。

3. 分析总结

(1)引导学生分析转向架的功能和作用,讨论转向架的创新发展内涵和路径,培养学生的辩证思维和科学创新的思想,让学生领悟创新具有丰富内涵和多样形式,正确认识到只要能突破陈规、有所推进,无论大小都是创新。

(2)绿色环保智能是客车转向架创新发展的方向。以摆式转向架、径向转向架以及"弓"系轻量化转向架的创新设计为案例,启发学生要开拓思维,多角度多方位思考问题,突破传统设计理念,敢想敢干,勇于突破,勇于创新,领悟创新是引领发展的第一动力,谋创新就是谋未来。

案例 4 谁是创新的主力军
——激发学生的历史责任感

【课程名称】交通装备创新设计

【教学内容】创新设计人才的基本素质

【案例意义】通过回顾历史上中外杰出科学家的生平，归纳出创新的最佳年龄是 25～45 岁。大学生正处于创新的起步年龄，希望学生们认识到为了社会进步、为了国家复兴，自己即将进入科技创新主力军的行列，能够意识到科技创新的历史责任感。

教学过程

1. 问题导入

科技创新人才是指具备在科技领域进行创新的能力和素质的人才。他们是在科技领域中取得成就的领航者和推动者，拥有强烈的创新意识与创新思维。那么，从历史进程来看，谁是科技创新的主力军呢？

2. 讲授正文

对古今中外 1928 项科学重大创造和 1249 名杰出科学家进行统计发现，最佳创新年龄在 25～45 岁，峰值年龄在 37 岁。

伽利略（1564—1642）25 岁时即被当时的人们称为"当代的阿基米德"，就任比萨大学教授。牛顿（1642—1727）23 岁时发现万有引力，并开始从事微积分的创造，24 岁时成为剑桥大学教授。莱布尼兹（1646—1716）20 岁时发表《结合术》一文，为近代数理逻辑的创始人，27 岁时完成微积分的建立。瓦特（1736—1819）23 岁时开始研究蒸汽，29 岁时发明蒸汽机。迈耶（1814—1878）28 岁时发现热力学第一定律（能量守恒），并且用来解释各种物理现象。麦克斯韦（1831—1879）15 岁时发表第一篇科学论文，25 岁时阐明电磁场的数学性质，发表《光的电磁说》，彻底改变电磁学的理论。爱因斯坦（1879—1955）26 岁时发表《狭义相对论》，36 岁时发表《广义相对论》，并对量子力学作出革命性的贡献，成为 20 世纪物理第一人。陈景润（1933—1996）完成"1+2 辉煌成果"时年 33 岁，此成果至今无人超越。杨振宁（1922—今）和李政道（1926—2024）因指出宇称不守恒而在 1957 年获诺贝尔物理学奖，当时杨振宁 35 岁，李政道才 31 岁。

同学们，你们中现在最小年龄的一般是 21 岁，正接近科技创新的最佳年龄段，你们要努力培养自己的创新素质，珍惜创新人才的黄金年华，以历史上杰出科学家为榜样，努力成为推动社会进步与中华民族伟大复兴的主力军。

3. 分析总结

党的二十大报告强调，"教育、科技、人才是全面建设社会主义现代化国家的基础性、战略性支撑"，"要坚持教育优先发展、科技自立自强、人才引领驱动，加快建设教育强国、科技强国、人才强国"。我们要借助课程教学的契机，注重培养学生的创新素质，让教育教学工作服务教育强国、科技强国、人才强国建设。在教学中提炼创新意识与创新思维能力两方面的内容来引导学生进行学习，有利于把学生培养成具有科技创新能力的人才。

15

交通装备智能制造系统

教学内容和思政融合设计

序号	教学内容	思政映射与融入点	编者
1	知识点：计算机辅助生产管理	案例1：军工产业中的精益生产模式——学习先进生产模式，提升学生分析和决策能力	易兵
2	知识点：离散型制造智能工厂	案例2：法士特的数字化、网络化建设——掌握制造业发展规律，培养学生前瞻性视野	易兵
3	知识点：智能产品设计	案例3：立式铣床 X52K 的数字化创新升级——探究智能产品设计方法，开拓学生创新思维理念	易兵
4	知识点：数字控制技术与装备	案例4：我国数控技术及机床的现状——认识数控装备重要，激发学生们的学习热情	李雄兵

案例 1　军工产业中的精益生产模式
——学习先进生产模式，提升学生分析和决策能力

【课程名称】交通装备智能制造系统

【教学内容】计算机辅助生产管理

【案例意义】将教育思政与学科知识结合，培养学生问题分析和解决的能力，提高工作中的决策水平。

教学过程

1. 问题导入

提出传统制造业面临的生产管理问题：原材料不足或不能准时供应；零部件生产不配套，积压零部件多；产品生产周期长，劳动生产率低；资金积压严重，周转率低；市场需求的

多样化带来产品更新速度加快使企业经营、计划系统难以适应。得出结论：制造业在解决上述矛盾(问题)的过程中不断发展，进而引出接下来对精益生产方式的阐述。

2. 讲授正文

首先介绍精益生产方式的起源以及精益生产方式的产生背景，说明精益生产方式的传播对现代制造业具有重大的影响和意义，丰富和发展了现代生产管理理论，并且引出案例进行阐述。(表 15-1)

表 15-1　三种生产方式的比较

生产方式 项目	手工生产方式	大量生产方式	精益生产方式
产品特点	完全按顾客要求	标准化，品种单一	品种规格多样化，系列化
加工设备和工艺装备	通用，灵活，便宜	专用，高效，昂贵	柔性高，效率高
分工与工作内容	粗略，丰富多样	细致，简单，重复	较粗，多技能，丰富
操作工人	懂设计制造 具有高操技艺	不需专门技能	多技能
库存水平	高	高	低
制造成本	高	低	更低
产品质量	低	高	更高
权力与责任分配	分散	集中	分散

美国国防部 2000—2004 财年制造技术五年计划投资战略把"精益"的概念集成到所有的采办与延长使用寿命项目中，战斗机的精益生产是 9 项国防技术目标之一。波音公司"V-22 飞机零部件和其他有关国防直升机项目的精益生产"项目(1993—2002 年投资 210 万美元)，计划在两年内缩短研制周期 50%，改善计划准时率 50%，提高库存周转率 40%。美国提出的敏捷制造，一种新的制造方式，使美国在 2006 年以前重新恢复其在制造业中的领导地位，并将在 21 世纪的竞争中占主导地位。

接着引入精益生产的概念和特点：强调人的作用，推行"以人为中心"的管理；改变传统观念，消除浪费，以尽善尽美作为追求目标；实现生产过程的同步化；将"推动式"生产控制系统变为"拉动式"生产控制系统。最后阐述精益生产的战略优势：从根本上改进和完善了产品质量。

3. 分析总结

通过案例的讲解和讨论，使学生更深入地理解精益生产模式的概念、特点和在现代企业经营方面的优势。这有助于培养学生的分析和解决问题的能力，提高他们的决策水平，使他们更好地应对类似挑战。

案例 2　法士特的数字化、网络化建设
——掌握制造业发展规律，培养学生前瞻性视野

【课程名称】交通装备智能制造系统

【教学内容】离散型制造智能工厂

【案例意义】使学生深入了解离散型智能工厂的特点、功能，从而更好地理解和掌握这一领域的专业知识。

教学过程

1. 问题导入

为了引导学生深入了解智能化工厂的影响和前景，从具体的实际案例开始讲解，引导学生思考以下问题：当前制造业数字化、自动化面临着什么问题？智能工厂的建设将带来什么？如何在传统工厂的基础上做好智能化改造？

通过提出这些问题，激发学生对制造业现状和发展方向的思考，为后续的学习奠定基础。

2. 讲授正文

首先详细介绍离散型工厂和智能工厂的相关内容，包括离散型制造业的定义、特点、任务和主要环节；讲述工厂演变的 4 个阶段：传统工厂、数字化工厂、数字化网络化工厂、数字化网络化智能化工厂；同时介绍离散型制造工厂的 4 个层级和 2 个系统，解释了智能工厂的层次，包括智能决策、智能计划与调度、智能装备。

案例引入：法士特的数字化、网络化建设

2004—2012 年，公司推广 ERP 系统；2013—2018 年，仓库管理系统、供应商关系管理、大数据平台、厂区 5G 网络试点示范的应用；2019 年，公司销售汽车变速器 100 万台，产销收入双超 200 亿元。工厂架构见图 15-1。

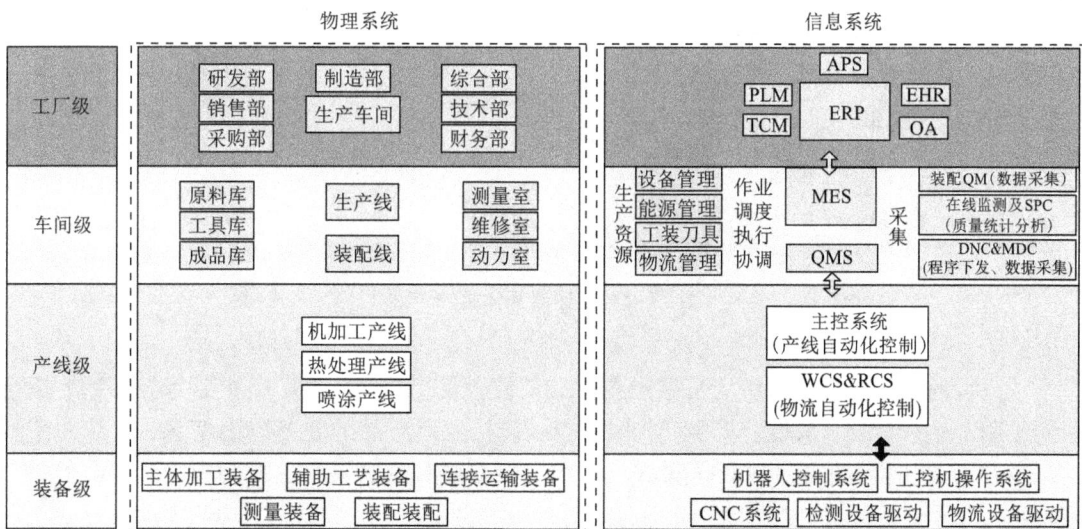

图 15-1　工厂架构图

其装备级物理系统包括主体加工装备、辅助工艺装备、连接运输装备。其中，变速器壳体机加工生产线主体加工装备是卧式五轴加工中心，完成加工定位面孔、钻孔、攻丝、铣面、钻镗孔和攻丝等工序加工，通过工业交换机接入工业以太网，将采集到的数据传输给工业计算机进行数据分析和处理，并将这些信息展示在生产看板上供操作人员查看。(图 15-2)

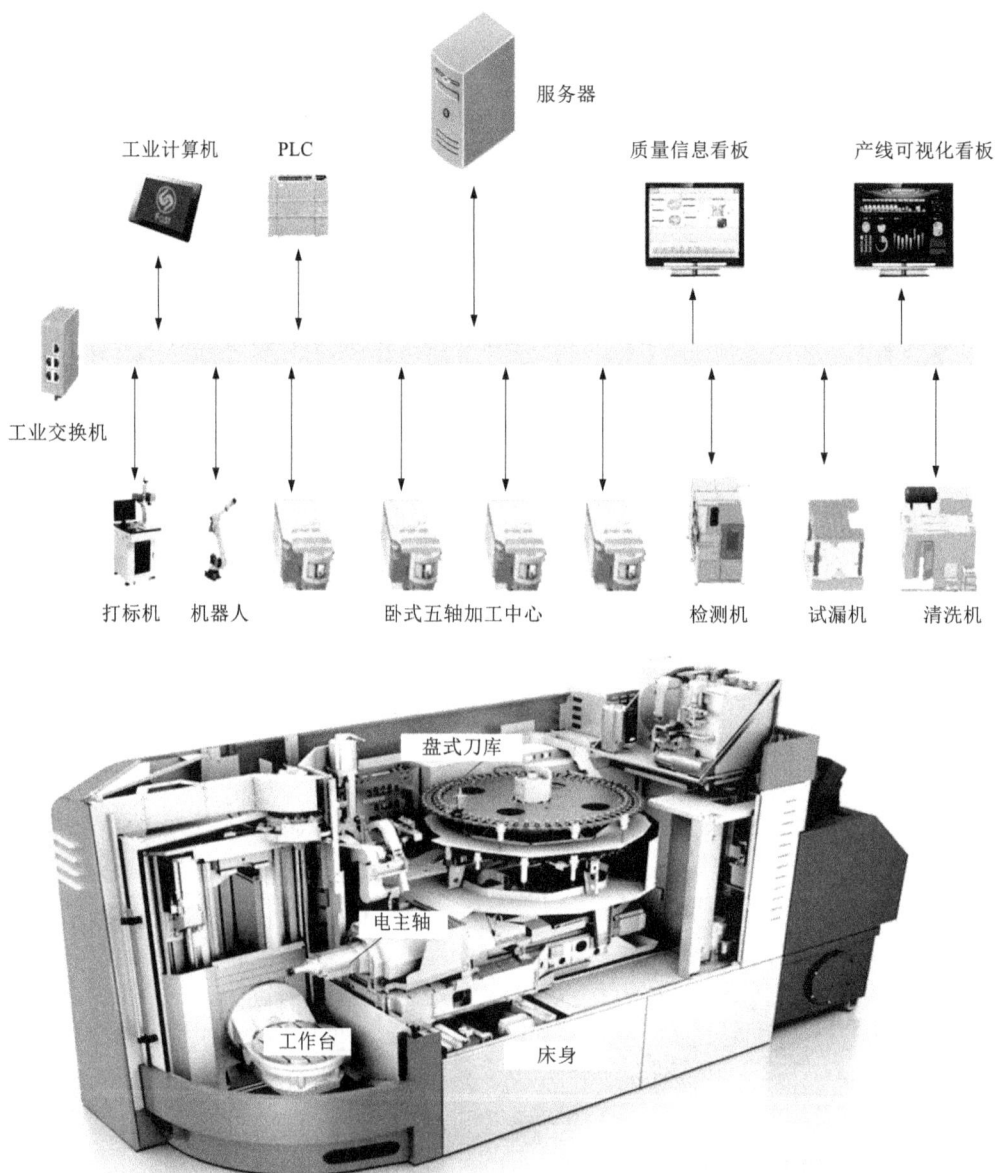

图 15-2　变速器壳体机加工线

法士特的工厂级信息系统为五层架构：ERP 位于最上层，是工厂级主要管控系统；执行层用于制定生产计划；采集层将生产实时信息，包括生产产品的装备状态信息、产品的质量信息以及人员和物料信息，进行采集并反馈给上层系统；控制层产生控制指令，对设备层装备发出控制信号。

法士特壳体生产线通过建立变速器壳体生产线各类设备的数字孪生体模型，可以在实际投入生产之前验证产线的各类装备布局和制造流程，对实际生产进行预测和优化，甚至可以进行预防性维护。(图 15-3)

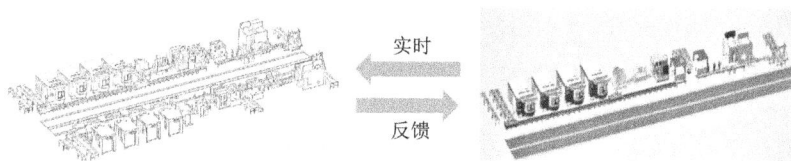

图 15-3　法士特壳体生产线数字孪生体模型

上述案例展示了智能工厂的发展状况，从而引发了对于智能工厂发展前景的讨论，引导学生深入思考制造业目前在数字化、自动化中出现的问题，讨论应对该问题的可行方案，总结智能工厂建设带来的积极影响，思考如何在传统工厂的基础上做出改进，使其由传统制造业迈向现代制造业。

3. 分析总结

通过真实案例，学生可以直观地了解到智能工厂的构成和功能，加深对基本知识的掌握，了解工厂智能化的发展历程和重要性，同时也有助于他们思考科技在社会中的角色和影响，培养创新思维，从而激发学习兴趣。

案例 3　立式铣床 X52K 的数字化创新升级
——探究智能产品设计方法，开拓学生创新思维理念

【课程名称】交通装备智能制造系统

【教学内容】智能产品设计

【案例意义】帮助学生更加深入地了解智能产品工艺的发展进程，更直观地认识到数字化产品对于网络化和智能化产品的意义。

教学过程

1. 问题导入

从截至目前的发展历史看，产品进化过程可大致划分为传统产品和智能产品两个大的阶段，其中，传统产品的发展极大解放了人类的四肢，而智能产品的发展则进一步让人类从繁重的脑力劳动中解脱出来。

智能产品是深度融合数字化、网络化和智能化等先进信息技术，对传统产品进行创新升级的结果，是伴随着信息技术的发展而不断进化的。下面我们将深入了解智能产品从数字化、网络化到智能化的发展进程。

2. 讲授正文

智能产品的进化过程也可大致划分为相应的 3 个阶段：数字化产品，网络化产品和智能化产品。

数字化产品是应用数字化技术对产品赋能，以提升产品在信息感知、信息传输、信息处理、信息应用等方面的能力，从而极大提高产品功能与性能，有效减轻人类的体力与脑力劳动。数字化产品的引入使得产品的功能、柔性自动化程度、工作效率、工作质量与稳定性以及解决复杂问题的能力等各方面均得以显著提高。

数控机床是采用数字信息对机床工作过程进行定义和自动控制的机床，是数字化产品的典范。1947 年，美国帕森斯公司提出了用数字信息来控制机床自动加工外形复杂零件的设想，并于 1952 年研制成功世界上第一台数控机床——三坐标数控立式铣床，为解决传统机床无法胜任的复杂形状零件的柔性自动化加工问题开辟了崭新的途径，拉开了传统机床全面向数控机床进化的序幕。下面结合普通立式铣床 X52K 的数字化创新升级予以阐述。

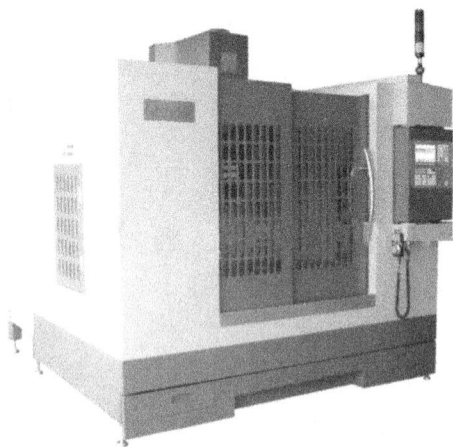

图 15-4　数控立式铣床 XK714

应用数字化技术对普通立式铣床 X52K 进行产品升级，得到数控立式铣床 XK714 （图 15-4），它与普通立式铣床 X52K 在结构和功能与性能方面的主要差异见表 15-2。

表 15-2　数控立式铣床 XK714 与普通立式铣床 X52K 的结构和功能与性能对比

			普通立式铣床 X52K	数控立式铣床 XK714
结构	进给系统	进给轴布局	X 轴、Y 轴、Z 轴（工作台上下移动）	X 轴、Y 轴、Z 轴（主轴箱上下移动）
		进给电机	普通三相电机	交流伺服电机
		进给传动链	多档、多级齿轮传动，T 型丝杠	滚珠丝杠副
	控制系统		操作手柄、按钮	数控系统
	主轴系统	主轴电机	普通三相电机	变频器+三相变频电机
		主轴传动链	多档、多级齿轮传动	1:1 同步齿形带传动
功能与性能	进给轴速度范围（mm/min）		$23.5 \sim 2300(X, Y)$、$8 \sim 770(Z)$	$10 \sim 10000$
	主轴调速范围（r/min）		$30 \sim 1500$，18 级速度	$150 \sim 6000$，无级调速
	工艺范围		零件单一、形状简单	范围广，包括复杂形状零件
	精度		精度、可重复性差	重复性好，精度高
	自动化程度、效率、柔性		自动化程度低、效率低、柔性差	自动化程度高、效率高、柔性好

　　从机床结构组成看，与普通铣床 X52K 相比，数控铣床 XK714 的工作装置基本相同，最主要的变化体现在以下两个方面：

　　一方面，数控铣床 XK714 采用三套独立的伺服系统分别对三个进给运动轴(X、Y、Z)进行驱动。每套伺服系统均由交流伺服电机及其伺服驱动单元组成，它可接受数字化的运动指令，自动控制相应进给运动轴精确地执行期望的运动。由此，不仅机床各进给轴的运动控制性能得以极大提升，更重要的是，这为实现机床的数字化提供了最基础的条件。

　　另一方面，数控铣床 XK714 增加了一套数控系统。数控系统是数控机床的"指挥中心"，是决定机床功能与使用操作性能的关键部件。数控机床最显著的特点之一是能够完成普通机床难以完成或根本不能完成的复杂形状零件的加工。例如，数控铣床 XK714 可对下图所示具有复杂形状轮廓的零件进行三轴联动加工，但普通铣床 X52K 则对此无能为力。(图 15-5)

图 15-5　数控铣床加工示意图

3. 分析总结

　　该案例在理论层面对数字化产品进行了描述，使数字化产品这个抽象的概念变得更为直观，给学生带来了更加真实的体验感，激发学生的学习兴趣和探索行为，从而让知识更容易理解和掌握；同时通过讲授产品的发展历史和实际应用，帮助学生培养良好的科学思维能力，激发探索欲。

案例 4　我国数控技术及机床的现状
——认识数控装备重要，激发学生们的学习热情

　　【课程名称】交通装备智能制造系统
　　【教学内容】数字控制技术与装备
　　【案例意义】让学生意识到数控技术与装备的重要性及国内当前水平与国际的差距，激发他们的学习热情。

教学过程

1. 问题导入

数控机床档次和性能高低的界限是相对的, 尚没有一个确切的定义, 不同时期的划分标准不同, 受多种因素影响。从目前的发展水平来看, 大体可从下面几个方面来区分: 分辨率与进给速度、伺服进给类型、联动轴数(控制坐标数)、主轴功能等。其中数控机床联动轴数是指机床数控装置控制的坐标轴同时达到空间某一点的坐标数目。目前有两轴联动、三轴联动、四轴联动、五轴联动等。世界上最高级的数控装置的可控轴数已达到 24 轴, 我国目前最高级数控装置的可控轴数明显落后。

2. 讲授正文

首先提出问题, 联动轴数和加工性能的联系是什么? 如图 15-6 上这种复杂型面叶轮的加工怎么才能实现? 它必须用到五轴联动的高端数控机床, 那么何谓五轴联动呢? X、Y、Z 三轴的平动、铣刀相对于工件转动的 A、B 二轴, 这样就可以加工双扭曲型面的叶片了。(图 15-7)

图 15-6　叶片加工的示意图

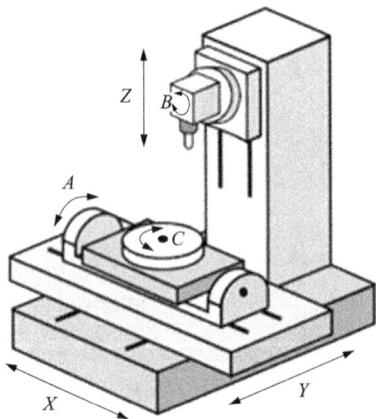

图 15-7　五轴联动的坐标轴示意图

复杂型面的数控加工在高端领域得到了广泛应用, 如军工、航天、模具等。没有高性能数控机床的支持, 这些领域的发展就会受到严重制约。早在 20 世纪, 我们国家在数控与装备等技术方面落后, 缺乏五轴联动的高端数控机床, 就如同现在芯片方面光刻机面临"卡脖子"问题, 还受到欧美等数控强国的设备禁运限制和技术封锁。

现在同学们普遍了解我们的潜艇技术算世界先进, 但在当时因为遭遇了五轴联动数控技术和装备的瓶颈, 而推进器的桨叶是复杂型面构件, 如图 15-8 所示, 其加工问题难以解决。桨叶的高速旋转为潜艇提供动力, 但如果结构设计不合理或加工不了, 就会给潜艇航行带来噪声, 从而被敌方声呐装置监测到, 降低了潜艇的隐蔽性, 增加了其安全风险。

但后来我国解决了这个问题, 并将成果成功应用到了潜艇桨叶加工上。在一次演习中,

图 15-8 复杂型面的桨叶

我国潜艇从美军布置在公海的舰队下方潜过而未被美舰发现，让美方大为震惊。随即美方展开了深入调查，并对某国公司实施了严厉制裁。通过这个真实案例，大家便可体会到高端数控技术和装备对一个国家的重要性。

近二十年来，我国在数控技术与装备方面取得了长足的进步，我国发布的《中国制造2025》规划已将高档数控机床列为中国制造业发展的十大重点战略领域之一。目前，国产数控机床还主要以中低端产品为主，高端数控机床主要依赖于进口。而且，数控系统和功能部件发展严重滞后，这也限制了整个行业的发展。

3. 分析总结

通过上述案例，增强学生课堂上和实验中的积极性。此外，在后续的生产实习等环节中，学生跟现场的工人师傅请教的积极显著提高，尤其关注行业中用到的高档数控机床技术和装备。

16

列车空气动力学

教学内容和思政融合设计

序号	教学内容	思政映射与融入点	编者
1	知识点：列车空气动力学概论	案例1：中国高速列车的发展——勇于探索、挑战和创新的自信与智慧	董天韵、梁习锋
2	知识点：列车空气动力学研究方法	案例2：试验与数值模拟方法——矛盾的普遍性与特殊性，抓主要矛盾	董天韵、刘堂红
3	知识点：实车试验方法及测试原理	案例3：列车实车试验——科学严谨与责任担当	陈光、熊小慧
4	知识点：列车外形设计	案例4：列车外形设计——外形彰显科技美，车风蕴藉文化深	陈光、梁习锋

案例1 中国高速列车的发展
——勇于探索、挑战和创新的自信与智慧

【课程名称】列车空气动力学

【教学内容】我国高速列车的发展

【案例意义】通过对我国高速列车不同发展阶段的讲解，有针对性地介绍一些比较有代表性和意义的故事，使学生了解参与国际竞争的重大装备在研制过程中技术、市场、文化层面的博弈，引导学生学习并借鉴我国科研工作者勇于追求、拼搏和创造的精神。

教学过程

1.问题导入

中国高速列车的发展历程是中国铁路交通现代化的重要标志之一，从无到有，从起步探

索到引进技术到自主研发，这一过程中凝聚了无数科学家、工程师和政府决策者的智慧和努力。20 世纪 90 年代初，中国经济快速发展，对高效、快速的交通运输方式的需求日益迫切。当时，中国铁路的最高运营速度仅为 120 km/h，远远落后于国际先进水平。而到今天，我国高速列车已具备 400 km/h 以上的运行能力。提问：为什么中国的高速列车技术实力进步如此之快？

2. 讲授正文

首先介绍我国高速列车起步时期自主探索设计的情况。我国高速列车起步阶段遇到了大量困难，但我们不惧艰难，勇于挑战和开拓。作为代表的"中华之星"电力动车组，是中国自行设计、拥有自主知识产权的高速电力动车组。在"中华之星"研发过程中做了大量空气动力学设计，形成了酷似"鸭嘴兽"的双拱流线型机车头，中南大学团队在其中做了大量开拓性的基础研究工作。2002 年 11 月 27 日，"中华之星"电动车组冲刺试验在中国第一条铁路快速客运专线——秦沈客运专线上创造了当时"中国铁路第一速"——321.5 km/h。

然后介绍引进阶段的"和谐号"系列高速动车组的发展故事。我国在探索技术难度与跨越式发展需求的综合考虑下，开始走引进消化吸收的道路，引进目标是德国的西门子、日本的川崎重工以及法国的阿尔斯通这三个高速铁路巨头。在此，详细为同学介绍我国谈判团队采用"二桃杀三士"策略完成商业谈判的经典案例。通过这次成功的谈判，捍卫了我国的技术主权尊严。最终，北车长春和阿尔斯通、西门子合作，南车四方和川崎重工、庞巴迪合作，由此诞生了 CRH"和谐号"系列。

最后介绍我国自主创新研发的"复兴号"系列。基于不同平台研发出的"和谐号"车型，由于标准不统一，不能互联互通，难以互为备用，提高了运营和维修成本。为解决这一问题，我国创新研制了新一代标准动车组"复兴号"。"复兴号"是中国自主研发、具有完全知识产权的新一代高速列车，它集成了大量现代国产高新技术，牵引、制动、网络、转向架、轮轴等关键技术上实现重要突破，是中国科技创新的一个重大成果。从 2004 年中国铁路第一次面向世界公开招标，再到 2023 年中国高铁成为世界第一，中国仅仅用了 19 年。

3. 分析总结

通过经典故事介绍我国高速列车发展历程以及取得的成就，引导学生要有勇于挑战困难的坚毅品质、不畏强敌敢于争先的气魄以及面向未来大胆创新的智慧。

案例 2　试验与数值模拟方法
——矛盾的普遍性与特殊性，抓主要矛盾

【课程名称】列车空气动力学

【教学内容】列车空气动力学研究方法

【案例意义】通过介绍列车空气动力学的不同研究方法，使学生意识到不同方法的优势和局限性，引导学生学会在分析问题过程中抓住问题的主要矛盾，并且要意识到在问题的研究过程中，主要矛盾可能会发生变化，在问题的不同阶段，随着问题本质的变化，要选用不同的方法来解决问题。

教学过程

1. 问题导入

列车空气动力学的研究方法主要包括实车试验、缩比模型试验和数值模拟 3 类，在列车空气动力学研究过程中 3 种方法相互补充和促进。介绍这 3 类试验方法的基本概念和形式，让学生思考这三种方法各自的优势和缺点及为什么会有不同的研究方法或者说手段存在。

2. 讲授正文

首先介绍实车试验。在真实的环境下进行测试，获取的数据反映了列车实际运行情况。根据试验需求，测点可布置在车体表面，采集列车在不同运行条件下表面压力变化，或布置在线路侧方或线路正下方，采集列车引起的空气流速变化(列车风)、空间压力脉动等信息。通过说明实车试验高成本和环境不可控的缺点，引出缩比模型试验方法的意义。

接着介绍列车缩比模型试验。缩比模型试验主要包括动模型试验、风洞试验和少部分水洞试验。不同的缩比模型试验方法是针对其蕴含的特殊矛盾产生的解决方法。动模型试验真实还原了列车相对地面的运动，对列车交会和列车过隧道情况均可进行模拟。由于动模型实验主要关注列车交会、过隧道等工况，列车底部结构形式以及实验台轨道形式与实际轨道相差较大。这一差异对交会压力波或隧道微气压波研究影响不大，但不适合针对列车周围流场开展较精细研究。风洞相比动模型平台更为常见，主要进行以目标测试体为参考系的研究，如气动载荷或绕流结构，因此更适合开展针对高速列车车体本身气动力及周围流场的研究。

然后介绍数值模拟方法。受制于测试设备和环境可控性，模型试验所能获得的数据依然十分有限。采用数值模拟方法则在理论上可以获得研究者关心的所有信息。当前列车空气动力学研究所采用的数值模拟技术，主要是基于 Navier-Stokes 方程(N-S 方程)使用高性能计算设备进行数值求解，主要包括 DNS、LES、RANS 和 LES/RANS 混合方法 4 种，这 4 种方法是针对计算矛盾的特殊性形成的不同模拟方法，针对的流动特征和适用的范围各有不同。DNS 详细地计算所有的流动细节和对应的时间尺度，消耗计算资源最大；LES 则仅针对大尺度流动进行精细计算，而对小尺度流动细节采用模化手段，不做详细计算；RANS 方法则对所有流动进行模化处理，计算资源消耗最小，同时得到的流动细节也越少；而 LES/RANS 混合方法则结合了 LES 和 RANS 的特点，在细节精度和资源消耗上做了平衡性折中。LES、RANS 和 LES/RANS 3 种方法又在进一步细化特殊矛盾的过程中形成了不同的计算方法。

3. 分析总结

列车空气动力学主要的这 3 类研究方法的发展，源于数据的真实性、全面性和数据获取成本(时间、经济)之间的矛盾。正是由于这一根本矛盾的存在，促使研究方法不断发展，并在各个方法内针对问题的特殊矛盾形成了各有特点的具体方法。在实际问题研究过程中，要根据目标问题在研究过程中本质的变化，在不同阶段选择对应的研究方法，在分析问题全过程中动态地抓主要矛盾。

案例 3　列车实车试验
——科学严谨与责任担当

【课程名称】列车空气动力学

【教学内容】实车试验方法及测试原理

【案例意义】本案例通过展示中南大学高速列车研究中心团队实车试验工作,培养学生的科学精神,使其领悟严谨细致、勇于探索的重要性;增强学生的社会责任感,让其明白自己的专业与民生紧密相关;激发学生的创新与团队协作意识,为交通事业培育具备专业素养和担当精神的人才。

1. 问题导入

列车作为现代重要的交通工具,其安全、高效运行离不开精准的测试与试验。实车试验是确保列车在各种实际环境下均能展现卓越性能的关键环节。大家可知道,中南大学高速列车研究中心团队在实车试验中,面临着诸多复杂情况和艰巨挑战?他们在不同的线路、气候条件下开展试验。他们的故事,满溢着智慧的光芒和坚韧的力量。下面就让我们一起深入了解实车试验,感受其中蕴含的严谨科学态度和勇于担当的精神。

2. 讲授正文

首先讲解实车试验的意义与目的。通过实车试验,科研人员能够模拟或再现不同的运行环境,从而获得真实环境下的列车气动性能数据,从而为列车设计优化、运行安全性提升提供科学依据,也可用来校正各种模拟试验数据和检验数值计算结果。

其次,通过课堂现场测试压力传感器、温度传感器和风速传感器的性能,让学生深入了解不同传感器的工作原理、响应速度和准确度,进而清晰地认识到每种传感器在列车气动测试中的关键作用。例如,压力传感器能够实时监测气流在列车表面及周围的压力变化,帮助分析列车的气动特性,进而优化设计;车载风速传感器则可以实时测量列车在大风环境下所遭遇的风速大小和方向,这直接关系到列车在不同风速下的稳定性和安全性。通过结合实际现场试验中不同传感器的安装照片和视频,让同学们直观地学习如何选择合适的传感器、如何确定其最佳安装位置,以及如何设定数据采集频率等关键技术细节。在观看视频时,学生不仅能看到传感器在实际试验中的安装过程,还能感受到科研人员在这一过程中所展现出的严谨科学态度。

中南大学高速列车研究中心团队在新疆兰新高铁和南疆铁路上成功开展了一系列大风环境下的列车气动试验,通过使用上述提及的传感器和采集设备,全面记录了列车在大风条件下的气动载荷特性和周围流场分布。通过这些实验,科研团队不仅揭示了大风天气下列车气动性能的变化,还提出了有针对性的改进建议,如优化列车车头设计和悬挂参数,提出了修建和优化既有防风设施等方案,以增强列车在大风环境中的安全性和稳定性。这些实验结果为列车气动设计提供了宝贵的数据支撑,也为铁路行业应对极端气象条件下的运行安全问题提供了切实可行的解决方案。

更重要的是,团队成员在严酷的环境条件下,无畏高温、强风等挑战,展现了勇于探索、不畏艰险的科研精神。他们的坚持和创新不仅推动了中国高速铁路技术的进步，也为科研人员在复杂环境下如何高效、精准地开展工作提供了宝贵的经验。这种精神激励着我们每一个学子，在学习和科研中要保持严谨的态度，怀揣勇于探索的勇气，积极为国家的铁路技术革新、运行安全保障和科技进步贡献自己的智慧和力量。

3. 分析总结

在"列车空气动力学"的教学中，聚焦实车试验这一关键内容，通过问题导入激发学生的好奇心，通过讲授过程让学生明晰实车试验意义与传感器运用要点。借助中南大学团队在实车试验中克服重重困难、不断探索创新的鲜活实例展开教学，为学生全方位呈现科研人员严谨细致的态度和勇于探索的精神，引导学生从中汲取力量，塑造科学精神，培育责任担当意识，助力他们在交通领域逐梦前行。

案例 4　列车外形设计
——外形彰显科技美，车风蕴藉文化深

【课程名称】列车空气动力学

【教学内容】列车外形设计

【案例意义】培养学生的创新思维，让学生认识到传统文化在现代工程设计中的价值，从而增强文化自信；有助于提升学生的综合素养，使其理解列车外形设计涉及多学科知识，注重拓宽视野并培养跨学科思维。

1. 问题导入

当我们目睹高速列车疾驰而过时，是否留意到它们独特的外形？列车外形独特并非仅仅为了美观，还有对其空气动力学性能的深刻考量。在列车高速运行时，空气会对列车产生气动载荷，而合理的外形设计能够有效降低空气阻力、提升运行稳定性，进而减少能耗、提高速度。大家思考一下，不同形状的列车头部在空气中受到的气动阻力会有怎样的差异？这背后其实蕴含着丰富的科学原理和文化内涵。在列车外形设计的发展历程中，不同国家的设计都彰显了各自的特色与创新理念。引导学生一同深入探究列车外形设计的奥秘，领略其中的独特魅力。

2. 讲授正文

在这个高速发展的时代，列车外形不仅仅是功能性的体现，还需展现时尚感、速度感和科技感，这三者相互交织，共同塑造了列车的独特视觉形象与卓越运行性能。

首先，带学生了解一下国外列车外形设计的特点。日本的列车外形通常具有较长的鼻尖、突出的司机室、大曲面转折和流线型长度长等特点，这种设计不仅体现了对空气动力学的追求，也融合了独特的美学。法国列车则以简约、张力十足的线条和棱角分明的造型为特点，彰显出法兰西的浪漫与激情。德国列车车头造型较为圆润，曲面变化少，整体结构简洁稳重，体现了严谨与实用的风格。西班牙列车则呈现出动感与力量感，流线型的内凹和锋利的鼻尖造型，形成强烈的视觉冲击力。不同国家的列车设计呈现出鲜明的个性，但它们的共同点是都具有鲜明的"外形基因"，这不仅是列车外形家族感的体现，也是品牌效应的直观

表现。

　　然后，与学生一起探讨列车外形设计与气动性能之间的关系。合理设计列车流线型外形，可以有效减少空气对列车的阻力，提升速度和能效。在设计中，需根据运行速度和线间距等因素，精确控制交会时的压力波动，因为合理设计列车头部形状能够有效缓解压力波动，减少气流扰动。横风对列车稳定性的影响同样不能忽视，优化列车外形有助于提升其在大风环境中的稳定性和安全性。此外，降低列车产生的空气噪声也是设计的关键，优化列车外形以降低气流脉动程度，从而有效减少噪声的产生及传播，提升乘车舒适度和环境友好性。

　　最后，高速列车外形设计不仅要考虑空气动力学等科技因素，还要注重中华文化的传承。以四方和长客列车为例，四方的车讲究灵秀好看，展现出一种灵动之美；长客的列车则威武霸气、雄壮高大，体现出雄浑之气。我们还可以将民族文化元素融入其中，如脸谱，它是角色之魂和性格象征，是中国文化的精髓所在；龙马作为万兽之首、万能之神，承载着中华儿女自强不息的民族精神和豪迈情怀；火神祝融作为水火之神和楚地祖先，是中国古代图腾与帝王的象征。将这些元素融入列车外形设计中，能赋予列车深厚的文化底蕴。

　　总之，列车外形设计是一个综合性的艺术与科学工程，需要在追求时尚、速度和科技感的同时，传承民族文化，实现功能与美学的完美结合。

3.分析总结

　　本课程以列车外形设计为核心，以问题导入引发思考，讲授外形设计特点与气动性能之间的关系，及其中蕴含的文化传承内涵，以此达成培养学生创新思维、增强文化自信、提升综合素养的课程思政目标。

17

人工智能与自动驾驶

教学内容和思政融合设计

序号	教学内容	思政映射与融入点	编者
1	知识点：人工智能与自动驾驶概述	案例1：人工智能与自动驾驶中国发展史——创新驱动人才强国	刘辉、张雷
2	知识点：人工智能与自动驾驶绪论	案例2：人工智能与自动驾驶技术突破——科技报国，追求卓越的创新理念	张雷、刘辉
3	知识点：列车无人驾驶系统及其综合性能评价体系	案例3：人工智能与自动驾驶技术发展——新一代交通人在驾驶自动化发展中的责任与担当	刘辉、张雷
4	知识点：人工智能与自动驾驶算法仿真平台构建	案例4：人工智能与自动驾驶平台研发——强化自主产权意识，提升自主品牌认同	张雷、刘辉

案例1 人工智能与自动驾驶中国发展史
——创新驱动人才强国

【课程名称】人工智能与自动驾驶

【教学内容】人工智能与自动驾驶概述

【案例意义】强化新工科建设背景下工程科技人才价值观塑造，融入创新思维教育和理想信念教育，引导学生充分理解创新思维、新动能、新资源的重要作用，将自我价值实现与服务国家重大战略需求、建设世界科技强国的时代使命紧密相连。

教学过程

1. 问题导入

人工智能作为当下热门的科研话题，不仅与我们的工业、农业等息息相关，也与我们的日常生活密不可分。从国际大局势看，人工智能与许多高端前沿科技相结合，能发挥更大的作用。那么，如何把握机遇与挑战？如何将人工智能与生产生活结合进行创新？如何顺应时代潮流不断开拓进取？这些是同学们需要认真思考的问题。

2. 讲授正文

自动驾驶指的是通过计算机系统与传感系统，让汽车摆脱人的操作，实现无人智能驾驶。目前现实生活中已经有车可运用自动驾驶技术。自动驾驶系统作为现代的智能自动化系统，具有高度复杂性，该系统的运营会用到人工智能技术、信息技术、现代传感技术和自动控制技术等。人工智能技术能够运用在自动驾驶系统当中的车辆控制、决策和规划、环境感知等方面，其中较为突出的是环境感知方面。自动驾驶系统充分借助人工智能的机器学习理论，设计出了识别系统，使得汽车可以自动识别周边的路况信息，从而为汽车的无人驾驶提供安全保障。

我国人工智能与自动驾驶技术的发展历程充满了挑战，是一段从无到有、从弱到强的艰辛探索之路。早在 21 世纪初，面对国外在该领域的领先优势，我国科研人员毅然着手研发，初期，面临着技术壁垒、资金短缺以及基础设施不完善等多重困难。然而，正是这些挑战激发了国内科研团队的创新精神，他们夜以继日地进行技术攻关，逐步突破了传感器融合、环境感知、路径规划等一系列关键技术瓶颈。进入"十三五"和"十四五"时期，国家层面出台了一系列政策，为自动驾驶技术发展提供了坚实的政策支持和资金保障。各大高校、科研机构与企业纷纷投身这一领域，形成了产学研用紧密结合的良好生态。

我国在自动驾驶领域的创新发展，离不开一支高素质人才队伍的支撑。这是一条由创新驱动的人才强国之路，从最初的摸索到如今的蓬勃发展，背后凝聚了无数科研人员的心血与智慧。早期，国内缺乏成熟的自动驾驶技术和相应的专业人才，但科研人员们迎难而上，通过不懈努力，逐渐培养出了一批具有国际视野和创新能力的高端人才。高校和研究机构纷纷设立相关专业和实验室，为行业输送了大量新鲜血液。近年来，国家高度重视自动驾驶领域的人才培养，出台了一系列政策措施，鼓励高校与企业合作，开展联合培养项目。同时，各类创新创业大赛和项目也为青年才俊提供了展示才华的舞台。在这样的背景下，越来越多的优秀人才投身自动驾驶的研发与应用，推动技术快速迭代创新。人才的不断涌入，不仅加速了技术进步，还促进了产业链上下游的协同发展，为我国在全球自动驾驶竞争中占据有利地位奠定了坚实基础。

3. 分析总结

本课程将通过对我国人工智能与自动驾驶技术研发过程的讲解，着重强调人才在技术发展中的重大作用，让同学们深刻体会勇于探索的科研精神和脚踏实地的实干精神，从而激发学生的荣誉感和使命感。

案例 2　人工智能与自动驾驶技术突破
——科技报国，追求卓越的创新理念

【课程名称】人工智能与自动驾驶

【教学内容】人工智能与自动驾驶绪论

【案例意义】引导学生树立科技报国、追求卓越的坚定信念，实现知识掌握与信念构建的综合提升。

教学过程

1.问题导入

我国人工智能与自动驾驶基础研究和技术研发能够取得世界瞩目的成就，离不开几代科研工作者的披荆斩棘、勇于创新。在这个过程中，中南大学交通运输工程学院作出了杰出的贡献，他们秉承的科技报国、追求卓越的创新理念值得我们学习。

2.讲授正文

随着科技的不断发展，人工智能(artificial intelligence，AI)应用越来越广泛。自动驾驶作为人工智能在交通领域的重要应用之一，给人民的出行带来了巨大的便利。我们这一代人已经开始充分运用和享受人工智能技术带来的系列利好.自动驾驶已经走进我们的日常生活，从飞机、无人机飞行到轮轨列车运行，再到家用汽车的驾驶，甚至餐厅、宾馆的机器人送餐等，无不向世人展示着我国人工智能与自动驾驶技术的先进性、可靠性和使用的广泛性。我国人工智能与自动驾驶技术已步入世界前列。但是，我们的人工智能与自动驾驶技术发展与创新并不是一帆风顺的，是在党和国家的前瞻布局下，一代又一代科研工作者不畏艰难、刻苦攻关、勇于创新，历经一次又一次失败，最终突破国外技术壁垒，研发了我国人工智能与自动驾驶技术，并通过多年艰辛的技术攻关和试验验证，全面推动了人工智能在自动驾驶技术中的广泛应用。

本课程的授课对象是交通运输工程学科的本科生，课程知识与课程思政结合的最佳授课方式是基于本专业特点，以列车自动驾驶为分析对象，阐述我国人工智能发展历程及其在列车控制系统中的应用情况。在课堂上，首先向学生介绍我国高速列车控制系统发展初始阶段所面临的问题，以"和谐号"动车组技术引进、消化、吸收为切入点，介绍我国高速列车研发关键时期引进的 CRH1、CRH2、CRH3 和 CRH5 型高速列车的特点，并告知同学，上述 4 种车型分别来自加拿大庞巴迪、日本川崎重工、德国西门子和法国阿尔斯通 4 家公司，我国高速列车驾驶系统需要从这些国家引进。我有幸参加了合武、武广和石太等高速铁路的线路试验，实验过程中我特别好奇为什么车上会有外国专家跟车实验，一开始自己以为是国外的专家慕名而来，参观感受我们的高速列车，然而，直到在一次实验过程中我才发现，这些国外专家是专门负责控制系统维护的。不过，让我真正感到震惊的是，他们在维护系统的时候竟然将维护区域隔离出来，不允许我们靠近。这对我的触动是相当大的，我真切地感受到了技术受制于人的那种身不由己。那次的感触在我心里留下了烙印。5 年后，当我博士毕业选择

出国进行博士后深造时，毫不犹豫地选择人工智能作为博士后研究方向，我希望自己能够学有所得，希望能够用自己所学为我们的列车控制领域贡献力量。

我赶上了轨道交通系统快速发展的时代，国家从"八五"一直到"十四五"，持续推动列车技术研发。在这个期间，在兰新、西藏、哈大、京沪、海南东环等高速铁路试验研究中，我们中南大学交通运输工程学院的教师和学生奋战在第一线。我们克服了兰新线超过 12 级风两倍风速的考验、青藏铁路高原高寒的测试环境、哈大线零下 40 多摄氏度的低温等困难。经过长期的跟踪试验，我们提出了强风环境列车运行安全保障技术、车隧耦合空气动力安全保障技术，研发了国际一流的试验平台，相关的成果被纳入了列车自动驾驶体系。当前，我们先后参与 CR450 的列车设计及全面线路试验，负责高速磁浮列车气动特性的动模型试验研究，在资金不足、实验室用地受限、控制技术缺失的情况下，研建了国际首套时速 600 km 等级高速磁浮列车气动特性动模型试验平台，为我国时速 600 km 等级高速磁浮样车的研制提供了支撑。由此可见，我国人工智能与自动驾驶技术的发展，是科研人员在严苛的技术壁垒下，充分发扬攻坚克难、勇于创新的科技报国精神，全面推动了高速铁路技术的发展和进步，使我国高速铁路技术由跟跑迈入领跑阶段。

3. 分析总结

人工智能与自动驾驶课程涉及计算机科学、机械工程、载运工具运用工程等多个学科领域。我国人工智能与自动驾驶的发展历程与许多前沿技术的发展历程相似，是在国家的布局下，一代又一代科研工作者攻坚克难、勇于创新的过程。我国轨道交通技术之所以能够领跑世界，是因为我国科研工作者发扬科技报国、追求卓越的精神，不断创新，不断进步。以此激励学生树立科技报国、追求卓越的坚定信念，让他们具备解决实际问题的能力和勇于创新的精神。

案例 3　人工智能与自动驾驶技术发展
——新一代交通人在驾驶自动化发展中的责任与担当

【课程名称】人工智能与自动驾驶
【教学内容】列车无人驾驶系统及其综合性能评价体系
【案例意义】将课程教学同交通强国等国家战略相结合，从国内外自动驾驶技术发展程度切入，综合运用时事热点交流、学术热点分析、思政案例研讨等教学方式，使学生认识到掌握先进核心技术对国家和民族发展的重大意义，激发学生的荣誉感和使命感。

教学过程

1. 问题导入

在当今科技日新月异的时代，自动驾驶技术正逐步从实验室走向现实世界，成为改变人类生活方式的关键力量。作为新一代交通人，我们肩负着推动这一技术健康、安全发展的重任。这不仅是对个人职业发展的挑战，更是对社会责任感的考验。这里面涉及的内容仅仅是技术上的问题吗？如何提高社会对人工智能与自动驾驶技术的认知和接受度？如何完善涉及人工智能与自动驾驶的相关法规及道德规范？这都是新一代交通人面临的挑战。

2. 讲授正文

随着自动驾驶技术的发展，"智慧交通"系统的研发愈发迫切，它将采用自动驾驶车辆来改善城市的交通状况，提高交通安全性和效率，减少环境污染，并为各年龄段及弱势群体提供出行便利。

自动驾驶技术的核心价值在于提高交通安全性和效率，减少环境污染，以及为居民提供出行便利。为了实现这些目标，我们需要学习最新的技术知识，积极参与技术创新。开发基于人工智能的感知系统，能够更准确地识别道路环境和行人，从而提高了自动驾驶车辆的安全性。此外，还需密切关注相关法律法规的制定和完善，确保技术应用的安全可控。

新一代交通人应当具备强烈的社会责任感，主动参与公众教育，提高社会对自动驾驶技术的认知和接受度。北京、上海、深圳、广州、武汉等各大城市开展了一系列公众讲座和体验活动，向市民普及自动驾驶技术的基本原理和潜在优势，同时，通过社交媒体平台发布科普文章，解答公众对自动驾驶技术的常见疑问，这些举措极大地增加了市民对自动驾驶技术的信任和支持。自动驾驶技术的发展离不开团队的协作和开放的合作，人工智能与自动驾驶技术的发展推动跨行业技术研发，促进了领域内数据和资源的共享，推动全球自动驾驶技术的共同发展。

3. 分析总结

本课程通过讲述列车无人驾驶系统及其综合性能评价体系构架相关知识，强调新一代交通人的责任担当，让学生认识到不仅要在技术上不断创新，还要具备强烈的社会责任感，通过不懈努力让自动驾驶技术将成为未来交通的重要组成部分。

案例 4　人工智能与自动驾驶算法仿真平台构建
——强化自主产权意识，提升自主品牌认同

【课程名称】人工智能与自动驾驶
【教学内容】人工智能与自动驾驶算法仿真平台构建
【案例意义】人工智能与自动驾驶算法仿真平台构建——强化自主产权意识，提升自主品牌认同。

教学过程

1. 问题导入

纵观整个人工智能与自动驾驶基础研究及技术研发的发展历程，目前处于领先地位的主要是中国、美国、日本等国家，那么，在人工智能与自动驾驶领域中，我国典型的技术先进、应用成熟的产业和产品有哪些？在这些产品中，人工智能与自动驾驶技术的应用特点是什么？

2. 讲授正文

人工智能与自动驾驶技术作为国家创新驱动发展的前沿科技，在我国交通领域得到了充

分的应用，然而，在自动驾驶技术发展的过程中，我国特有的超大规模道路网、复杂地理气候条件、超长距离持续高速运行场景，给自动驾驶中的人工智能技术自主研发带来了前所未有的挑战。我国科研人员历经多年技术攻关，攻克了自动驾驶列车、汽车、无人机等国产品牌产品在高适应、高可靠、高稳定设计、智能制造以及技术标准体系等方面的重大难题，全面突破人工智能自动驾驶技术，由此诞生了"复兴号"高速列车、大疆无人机、比亚迪汽车、华为无人驾驶汽车等多个拥有自主知识产权并在技术领域世界领先的国产品牌。

我国已经成为智能算法应用大国，同时也是智能算法科研强国。智能算法在我国交通运输领域的应用，最能体现其技术先进性，为人民出行的便捷和安全提供了巨大的支持。以华为无人驾驶汽车为例，为了打造技术先进的无人驾驶系统，华为公司组建了一支超过 2000 人的科研团队，历经 7 年，在底层的芯片研发、雷达等硬件研制以及自动驾驶方案设计等多个方面取得突破。全车共搭载 3 颗华为 96 线车规级激光雷达、6 个毫米波雷达、12 个摄像头、13 个超声波雷达，同时搭载最高算力 400 Tops 的华为芯片，可支持 L3 级以上的自动驾驶解决方案。再以比亚迪为例，比亚迪通过与北京理工大学、百度等国内高校、科研院所及领域内龙头企业合作、共同研发，在车辆运行控制、场景识别、算法协同，尤其是高精地图构建方面取得了一系列的突破。在轨道列车方面，我国研建了北京燕房线、北京地铁大兴机场线、上海地铁 10 号线、上海 APM 浦江轨交线、上海 15 号线、广州 APM 珠江新城线、成都 9 号线等多条无人驾驶地铁线路，同时，自动驾驶技术也应用于我国"复兴号"高速列车的运行控制中，我国时速 600 km 等级高速磁浮列车也采用了拥有自主知识产权的自动驾驶系统。

由此可见，近 10 年来，我国自动驾驶智能技术实现了快速发展和广泛普及，我国科研工作者几乎是在一个技术空白领域，冲破重重技术壁垒，通过多年的探索和技术迭代，最终全面攻克自动驾驶核心技术。创新基于 5G 技术的车-地协同控制策略，所有系统控制软件完全自主化；攻克了复杂场景耦合、多维参数优化的算法设计、应用技术，形成拥有自主知识产权的自动驾驶智能控制技术；创建了由团体、行业和国家三级标准组成的自动驾驶技术标准体系，造就了"复兴号"高速列车、大疆无人机、比亚迪汽车、华为无人驾驶汽车等多个技术领先的拥有自主知识产权的国产品牌。

3. 分析总结

通过课程讲授，让学生体会到在技术壁垒下，我国人工智能自动驾驶技术取得系列进展和突破的艰辛，了解我国具有世界领先水平的国家品牌和产品，树立学生对自主品牌的信心，使他们明白拥有自主产权的重要性，激发他们创新的原动力，培养学生在科技强国建设中的担当精神。

参考文献

[1]　李学京.机械制图和技术制图国家标准学用指南[M].北京：中国标准出版社，2013.

[2]　贾雨."工程制图"课程思政建设与教学改革[J].教育教学论坛，2021(11)：49-52.

[3]　苏文桂，李俚，李竞，等.《工程制图》课程思政教学探索[J].装备制造技术，2020(11)：160-162.

[4]　褚璇，马稚，韦鸿钰，等.新农科背景下《工程制图与CAD》"课程思政"教学改革探索[J].教育现代化，2020(28)：45-48.

[5]　李冰，陈和恩，简川霞.工程制图课程思政融合探索与实践[J].佳木斯职业学院学报，2020，36(6)：220-221.

[6]　杨欣欣.中药制药专业工程制图课程思政教学改革研究[J].进展：科学视界，2022(1)：183-184.

[7]　刘弋潞，陈忻，卢梓淇，等.基于混合式教学法的工程制图课程思政改革[J].创新教育研究，2021，9(5)：5.

[8]　徐戎，刘双，苏思超，等.工程制图课程思政教学改革探索[J].2021，19(4)：114-116.

[9]　陈华，杨皓.工程制图课程思政建设的初步探索[J].科教导刊(电子版)，2021(9)：287-288.

[10]　童书琦.课程思政在《工程制图》中的实践探讨[J].汽车博览，2021(10)：193.

[11]　王瑾.课程思政与《工程制图与识图》融合的策略探究[J].建材与装饰，2020(11)：166-167.

[12]　谭均军，李洋波，孙旭曙，等.水利水电工程专业课程思政教育探索：以《水利工程制图》课程为例[J].国际教育论坛，2020，2(11)：8.

[13]　刘晶，赵胜华，邓雪莲.《土木工程制图》混合课程思政教学改革与探索[M].

[14]　王丽丽.工程制图课程思政教学改革与实践研究[J].创新创业理论研究与实践，2021，4(3)：22-24.

[15]　石彩华.课程思政在机械CAD软件教学中的实践[J].西部素质教育，2019，5(21)：26-28.

[16]　赵雷，张华.高职机械设计与制造专业人才培养模式的改革与实践[J].职业教育(中旬刊)，2017，16(6)：39-41.

[17]　薛媛媛.机械设计制造及其自动化专业人才培养模式的创新实践[J].南方农机，2017，48(14)：181.

[18]　李云.高职院校《汽车机械基础》课程教学模式研究[J].才智，2017(21)：179-180

[19]　习近平.在全国高校思想政治工作会议上强调把思想政治工作贯穿教育教学全过程，开创我国高等教育事业发展新局面[EB/OL].(2016-12-08).

[20]　陈娅.高校思政理论课实践教学实效性探讨[J].教育研究，2017(9)：50-51.

[21]　习近平.习近平谈治国理政[M].北京：外交出版社，2018.

[22] 高成慧,付正飞,李月安.机械基础类课程实施思政教育的路径与方法:以"机械制图"课程教学为例[J].教书育人(高教论坛),2019(12):81-83.

[23] 张玲玲,曾祥光.机械制图及CAD课程思政探索与实践[J].大学教育,2022(5):29-31.

[24] 大连理工大学工程图学教研室.《机械制图》(第七版)及《机械制图习题集》(第六版).高等教育出版社,2013.

[25] 吴炳晖,刘颖慧."机械制图"教学中的课程思政[J].教育教学论坛,2020(38):52-53.

[26] 黄勤芳.基于"匠心培养"的机械制图教学评价模式创新构建[J].装备制造技术,2017(1):204-207.

[27] 谢素超,杨诗晨.基于"互联网+课程思政"的"机车车辆工程"的教学模式改革[J].科教文汇,2020,17(27):78-81.

[28] 聂迎娉,傅安洲.意义世界视域下课程思政的价值旨归与根本遵循[J].大学教育科学,2021,39(1):71-77.

[29] 洪早清,袁声莉.基于课程思政建设的高校课程改革取向与教学质量提升[J].高校教育管理,2022,16(1):38-46.

[30] 蒲清平,何丽玲.新时代高校课程思政教学提质增效的实践路径[J].思想教育研究,2022,38(1):109-114.

[31] 蒋占峰,刘宁.高校教师提升课程思政育人能力的价值意蕴、现实挑战与逻辑进路[J].中国大学教学,2022,44(3):70-76.

[32] 朱政明,朱丽英,江凌.高校本研一体化实验课程思政教学体系建设[J].食品工业,2023,44(11):207-212.

[33] 江守燕,金蓉,杨海霞,等.基于混合式教学与课程思政教育的结构力学课程教学设计[J].高教学刊,2023,9(33):102-105.

[34] 周婧,周松.论高校"课程思政"建设的四重维度[J].武汉理工大学学报(社会科学版),2023,36(5):159-164.

[35] 颜士州.李万君:焊接高铁的"大国工匠"[J].少年月刊,2022(Z1):4-5.

[36] 方鸿琴.被誉为"工人院士"的大国工匠李万君[J].国际人才交流,2021(12):29-35.

[37] 郭春波,任家香.巧用"木桶效应"助力班级管理[J].科普童话,2019(7):168.

[38] 闫树军.档案揭开共和国国徽历史本真[J].党史博览,2021(12):4-10.

[39] 刘莉,尹文龙,史骏,等.浅谈"动车组技术"课程典型思政案例教学设计:以"解析高速动车组走行部技术"为例[J].中国设备工程,2023(1):249-251.

[40] 张宏伟,周兴,余琼霞.轨道交通信号与控制专业导论课程思政改革与实践[J].教育教学论坛,2020(51):56-58.

[41] 刘成娟,刘成刚.轨道交通专业课程思政案例设计及实践研究[J].木工机床,2022(4):35-37.

[42] 嵇静婵."课程思政"融入《列车无线调度通信》教学的探索与实践[J].中外企业文化,2021(1):177-178.

[43] 王静.列车自动控制系统中的"中国智造":"城市轨道交通通信信号设备"课程思政案例教学设计与实践[J].大学,2020(11):45-46.

[44] 董锡明.高速动车组工作原理与结构特点[M].北京：中国铁道出版社，2007.

[45] 田红旗.列车空气动力学[M].北京：中国铁道出版社，2007.

[46] 谢素超，杨诗晨.基于"互联网+课程思政"的"机车车辆工程"的教学模式改革[J].科教文汇，2020，17(27)：78-81.

[47] 杨松.汽车类专业课程思政建设的探索与实践：以汽车理论为例[J].汽车实用技术，2023，48(21)：152-156.

[48] 蒲清平，何丽玲.新时代高校课程思政教学提质增效的实践路径[J].思想教育研究，2022，38(01)：109-114.

[49] 张克兰.中国传统文化概论课程思政教学设计：以"中国传统文化价值取向"为例[J].学园，2023，16(33)：17-19.

[50] 未晓丽，李星，梁谦，等.线上线下混合式教学赋能课程思政的创新与实践[J].学周刊，2023(34)：9-12.

[51] 《"复兴号"中国标准动车组》编委会."复兴号"中国标准动车组：CR400型[M].北京：中国铁道出版社，2020.

[52] 熊诗波、黄长艺.机械工程测试技术基础：第3版[M].北京：机械工业出版社，2010.

[53] 康熊，王卫东，李海浪.高速综合检测列车关键技术研究[J].中国铁路，2012(10)：3-7.